탈코일기
2

탈코일기 2

초판 1쇄 발행 2019년 2월 26일
초판 3쇄 발행 2022년 1월 28일

글·그림 | 작가1
펴낸이 | 金滇珉
펴낸곳 | 북로그컴퍼니
주소 | 서울시 마포구 와우산로 44(상수동), 3층
전화 | 02-738-0214
팩스 | 02-738-1030
등록 | 제2010-000174호

ISBN 979-11-89166-72-4 07810
 979-11-89166-70-0 07810 (세트)

Copyright © 작가1, 2019

· 잘못된 책은 구입하신 서점에서 바꿔드립니다.
· 이 책은 북로그컴퍼니가 저작권자와의 계약에 따라 발행한 책입니다. 저작권법에 의해 보호받는 저작물이므로, 출판사와 저자의 허락 없이는 어떠한 형태로도 이 책의 내용을 이용할 수 없습니다.
· 이 도서의 국립중앙도서관 출판예정도서목록(CIP)은 서지정보유통지원시스템 홈페이지 (http://seoji.nl.go.kr)와 국가자료공동목록시스템(http://www.nl.go.kr/kolisnet)에서 이용하실 수 있습니다.(CIP제어번호: CIP2019004838)

탈
코
일
기

작가1 지음

②

북로그컴퍼니

들어가는 말

안녕하세요.
《탈코일기》를 그린 페미니스트, 작가1입니다.
가벼운 마음으로 시작해 가볍지 않은 마음으로 완결한 《탈코일기》의 정식 출간본을 찾아주셔서 감사합니다.
〈탈코일기〉는 두 독자층을 생각하며 그린 만화입니다. 우선 탈코르셋을 했지만 그걸 '커밍아웃' 하기 힘든 사람들을 위로하고 서로 독려하기 위해 창작된 만화입니다. 또한 탈코르셋이 뭔지 모르거나 오해하고 있는 누군가에게 탈코르셋을 시작하는 계기가 되길 바라는 마음을 담아 그렸습니다.
이 책을 통해 탈코르셋이 뭔지, 왜 탈코르셋을 해야 하는지 알기 쉽게 설명하기 위해 정말 많이 노력했습니다. '여성은 아름다워야 한다'라는, 수천 년 동안 계승되어왔던 불변의 법칙은 과연 누구에게 이득이었는지, 여성들의 손에 화장품을 쥐어주고 거울 앞으로 밀어 세운 집단은 누구였는지, 더불어 지금 탈코르셋에 가장 큰 반발심을 가지고 있는 집단은 누구인지 이 책에서 명명백백히 드러났기를 바랍니다.
왜 '예쁘다'라는 단어는 여자만의 수식어가 되어야 했을까요? 똑같이 예쁜 것을 좋아하는데 왜 남자는 예쁜 것을 '감상하는 자'가 된 반면, 여자는 직접 '예쁜 것'이 되어야 했을까요? 그렇게 예쁜 것이 돼서 여자에게 남는 것은 대체 무엇일까요?
최근 한국에 돌풍처럼, 혹은 필연적으로 들이닥친 페미니즘, 그리고 탈코르셋. 이 책을 보시는 독자 여러분이 이 모든 것들에 대해 조금이나마 해답을 얻으셨

으면 좋겠습니다.

홧김에 〈탈코일기〉 1화를 올렸을 때가 아직도 기억에 남습니다. 저 역시 다른 많은 분들의 창작물들을 보고 창작을 결심했고, 많은 분들의 반응을 보고 힘을 얻었습니다. 그렇게 작은 커뮤니티 공간에 주기적으로 올리던 만화가 총 1억 9천여만 원의 텀블벅 펀딩을 받았고, 정식으로 출간까지 하게 되었습니다. 《탈코일기》가 세상에 나올 수 있도록 많은 관심을 가져주시고 호응해주신 수많은 페미니스트들에게 다시금 감사 인사를 드립니다. 여러분이 없었다면 이루지 못할 성과였습니다.

〈탈코일기〉를 연재하며 저 자신에게도 많은 가치관의 변화가 있었습니다. 미숙한 점도 많았지만 끝까지 믿고 피드백해주시고, 응원해주셔서 감사합니다. 세상 어디에나 있고 어디에도 없는 분들의 거대한 움직임을 체감합니다. 감사합니다. 앞으로도 영원히 연대하겠습니다.

2019년 2월

작가1

등장인물

김뱀희

최근 탈코르셋을 시작했다. 머리를 자르면 탈코르셋을 완성할 수 있을 줄 알았는데, 막상 부딪쳐보니 그게 탈코르셋의 시작이었다. 베프 로아와 코르셋 문제 때문에 냉전 중.

백로아

뚱뚱한 예전 몸매가 싫어 죽어라 다이어트를 했다. 30kg 넘게 빼자 드디어 인생의 주체가 되는 느낌이었다. 아름다움은 여성 권력의 원천이니 반드시 유지해야 한다고 생각했는데…

도수리

폭력적인 아빠와 무기력한 엄마에게서 도망쳐 따로 나와 산 지 오래됐다. 착한 딸이기를 포기하자, 비로소 인간답게 살 수 있게 됐다. 복싱장에서 뱀희를 만나게 된다.

도수리 어머니

평범한 엄마. 아빠 비위를 조금만 잘 맞춰주면 편하게 살 수 있는데 그러지 않는 딸이 답답할 따름이다. 자신에게 폭력을 휘두른 남편이지만, 그가 중병에 걸리자 지극정성으로 간호하고 있다.

한국남성들

이 책에서 남성의 얼굴을 시계로 표현한 것은 '십이한남' 이미지를 차용한 것이다. '십이한남'의 유래는 다음과 같다. 2014년, 한 안경사가 남성들이 안경 선택 시 참고할 얼굴 그림을 그려 자신의 블로그에 올렸다. 그런데 몇몇 이들이 이 그림이 못생긴 평균 남성을 사실적으로 표현했다며 주목했고, 머리 모양과 피부색을 조금씩 변형해 시계 모양으로 둥글게 배치한 후 "한국 남성들은 이 열두 명 중 한 명에 반드시 속한다."라고 말했다. 이 그림은 '십이한남'이라는 이름이 붙어 SNS 전반에 널리 퍼졌다. 즉, 이 책에 등장하는 남성의 얼굴에 7시가 그려져 있으면, 이 남성은 '십이한남' 그림에서 7시 방향에 자리한 얼굴처럼 생겼다는 뜻이다.

차례

들어가는 말 · 4
등장인물 · 6

18화 · 13
19화 · 33
20화 · 68
21화 · 97
22화 · 146
23화 · 165
24화 · 191

외전 1 · 205
외전 2 · 213
외전 3 · 218
외전 4 · 242

작가와의 인터뷰 · 250

그렇게 하이힐이 멋지다면,
남자들이 먼저 신었겠지.

- 슈 그래프톤

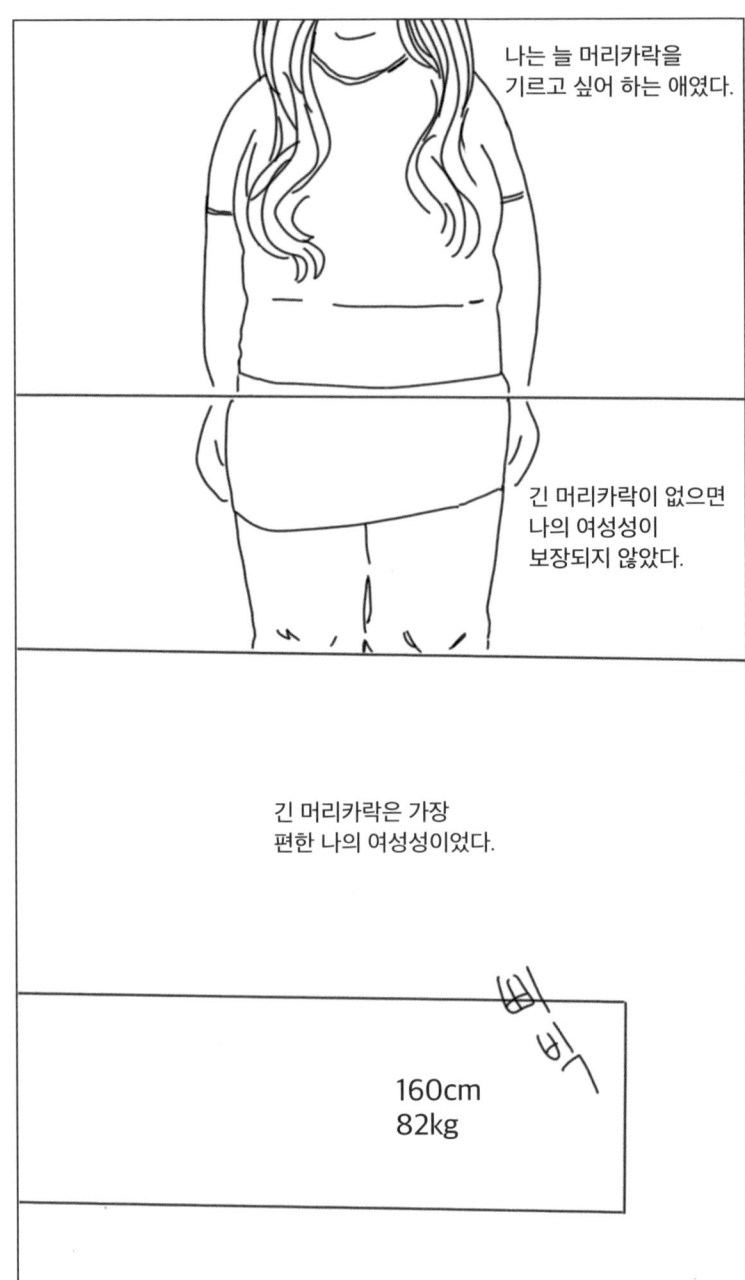

갈비뼈가 보일 만큼 배가 들어가고,
어깨도 작아지고 앙상하게 비쩍 말라서,

툭 치면 쓰러질 것 같이 연약해지고
보호본능 일으킬 정도로 작아지고 싶다.

43kg

성공했다.

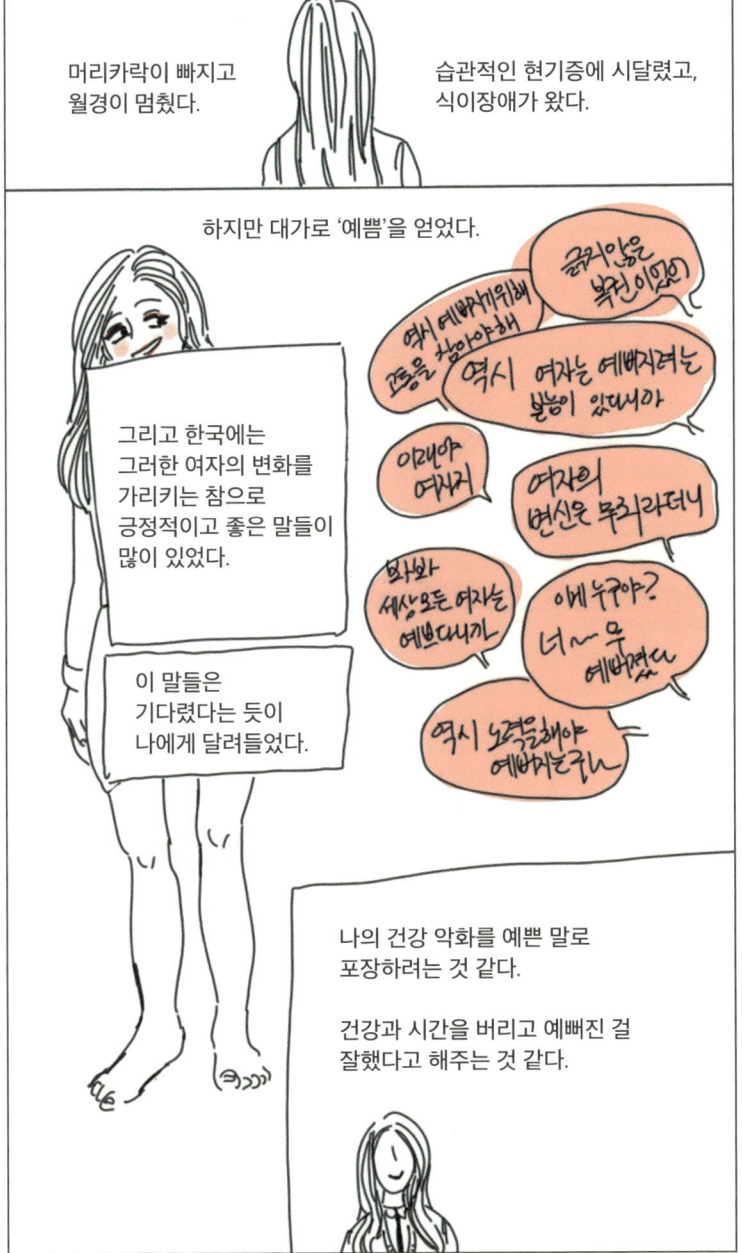

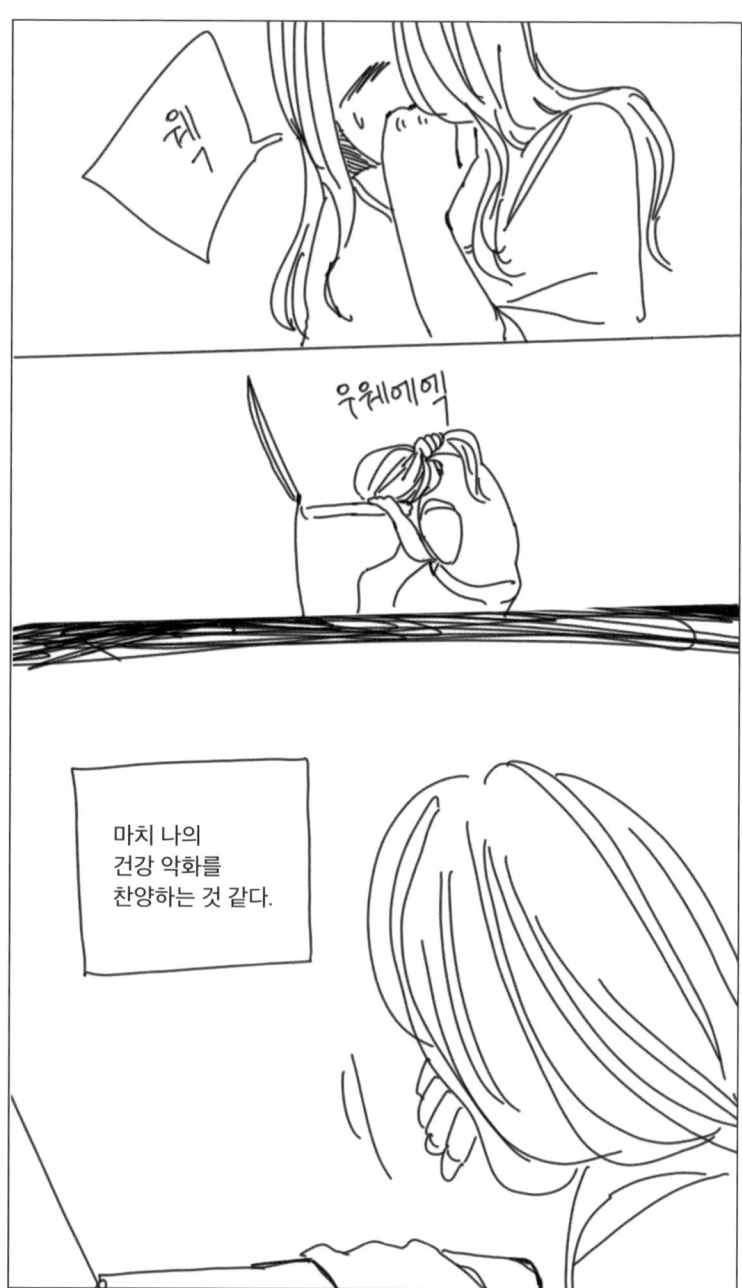

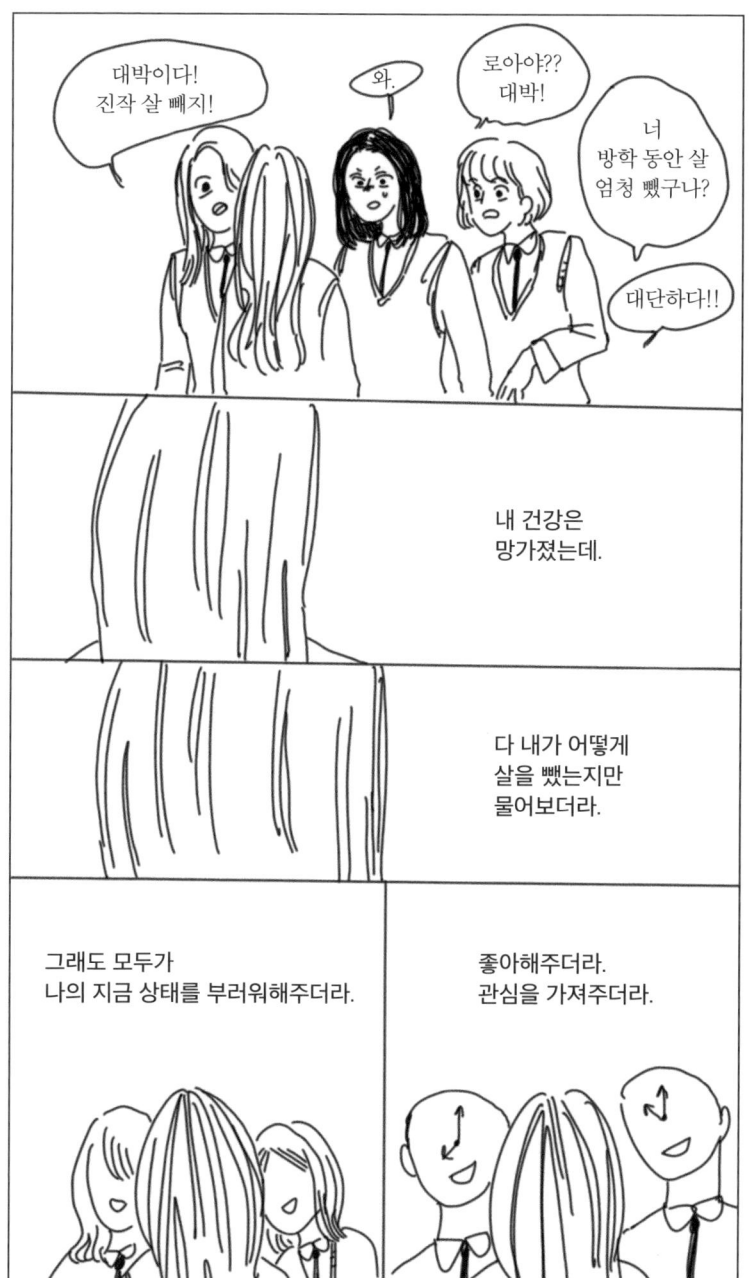

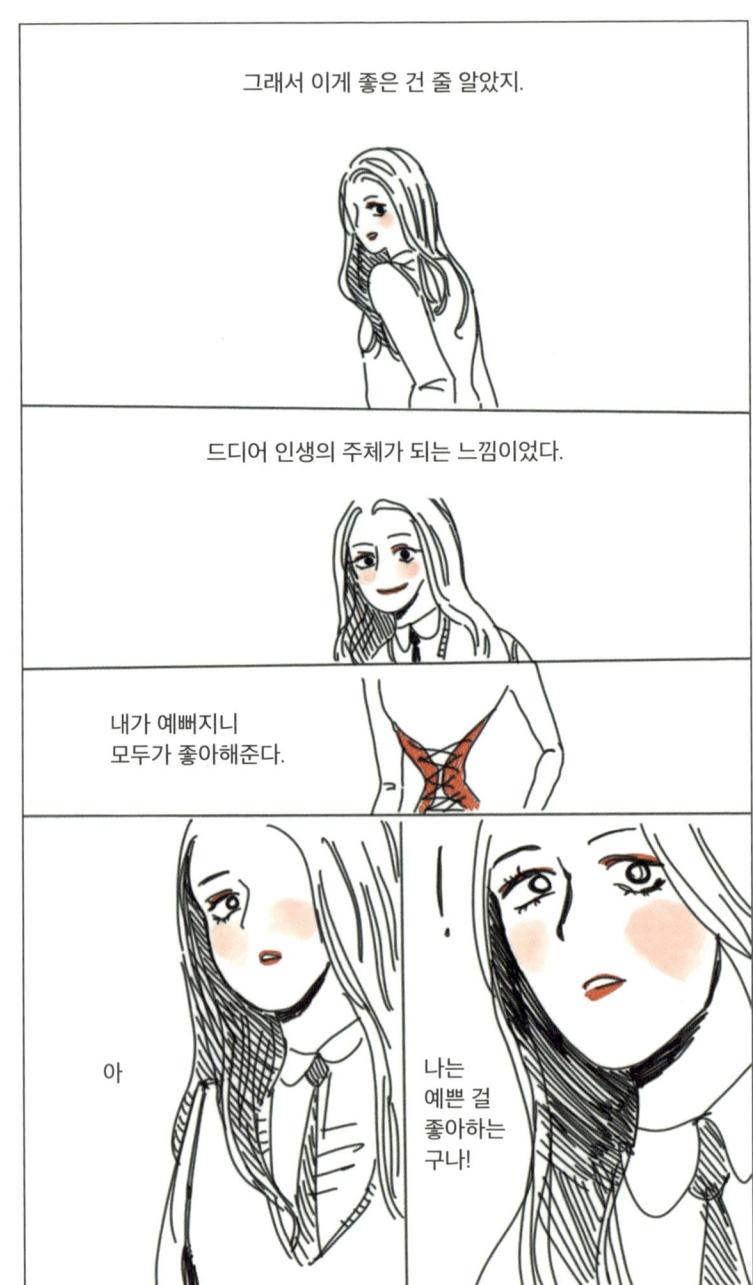

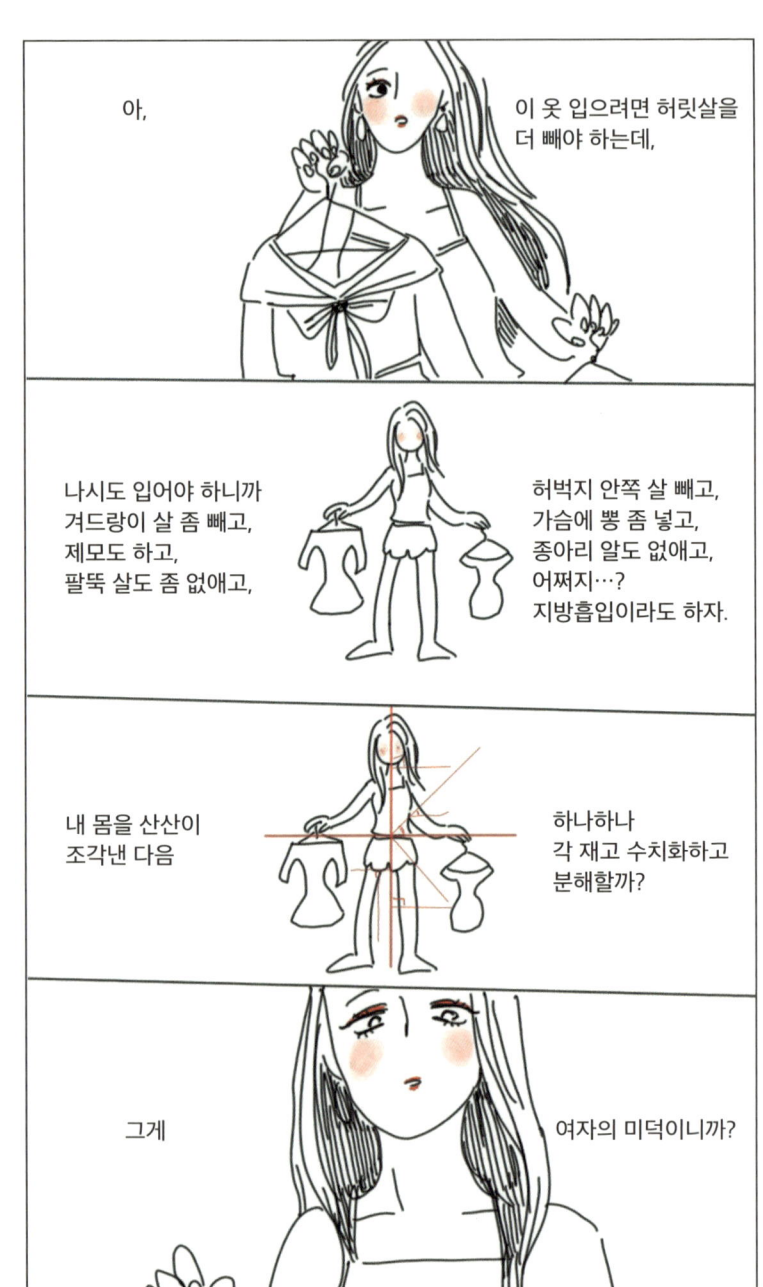

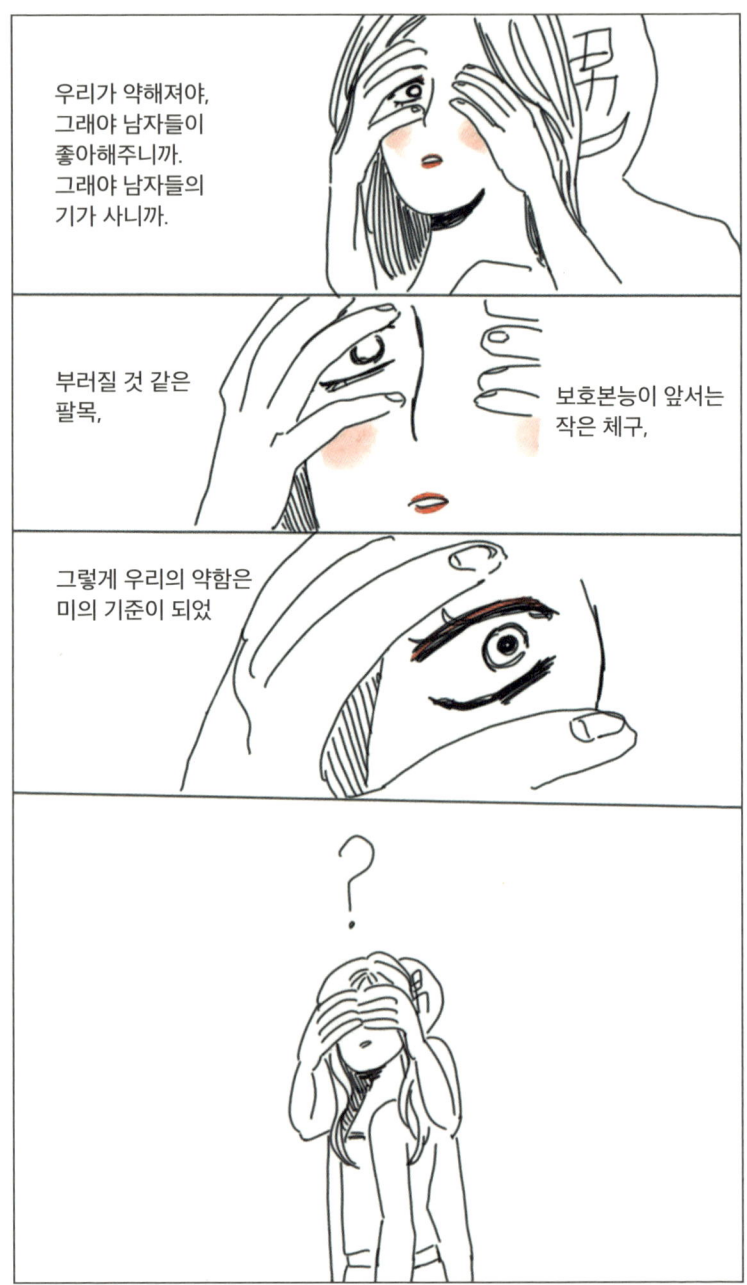

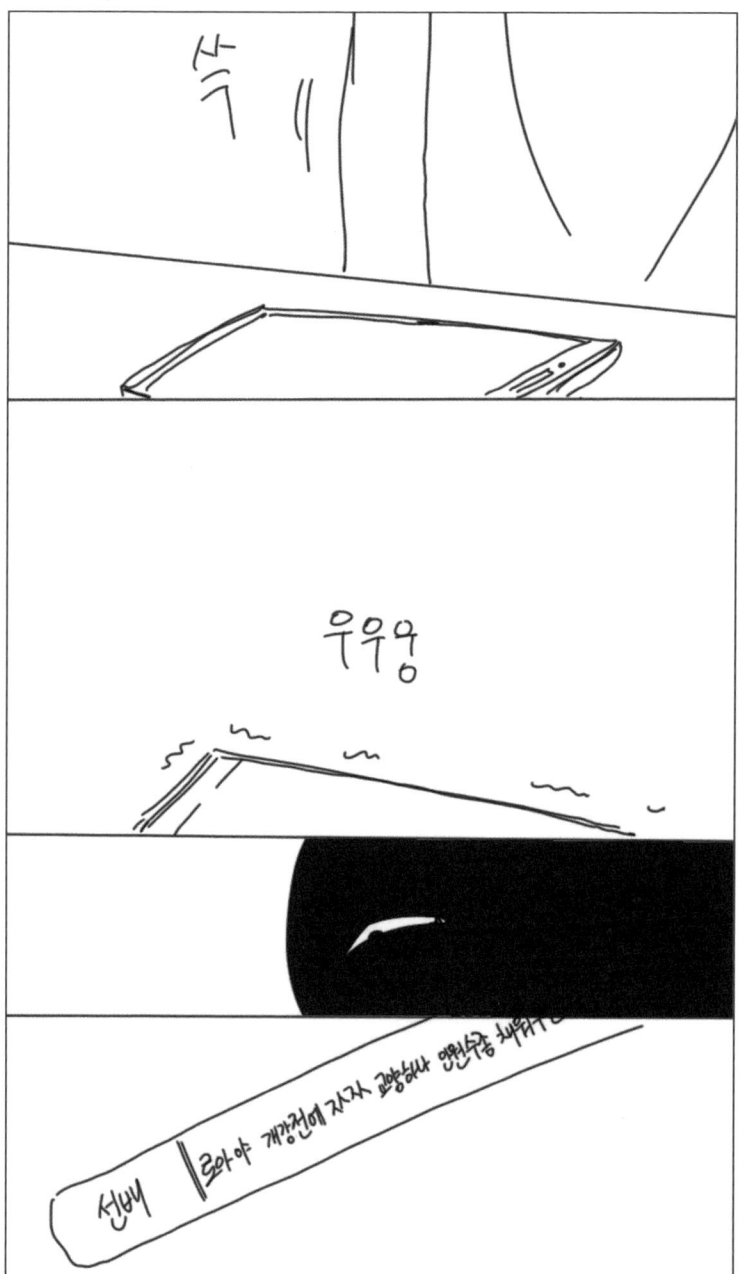

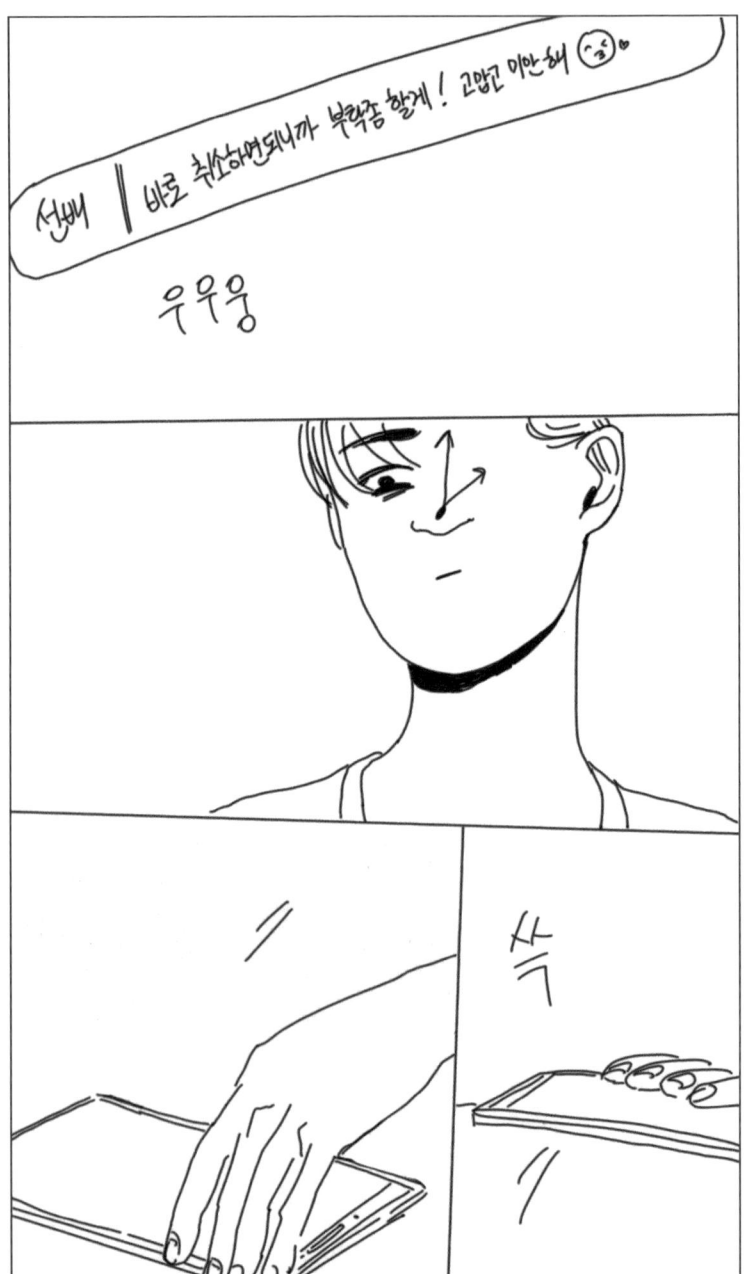

* '페미니스트는 말이 안 통하는 꼴통'이라고 비하하기 위해 만들어진 여성혐오적 신조어.

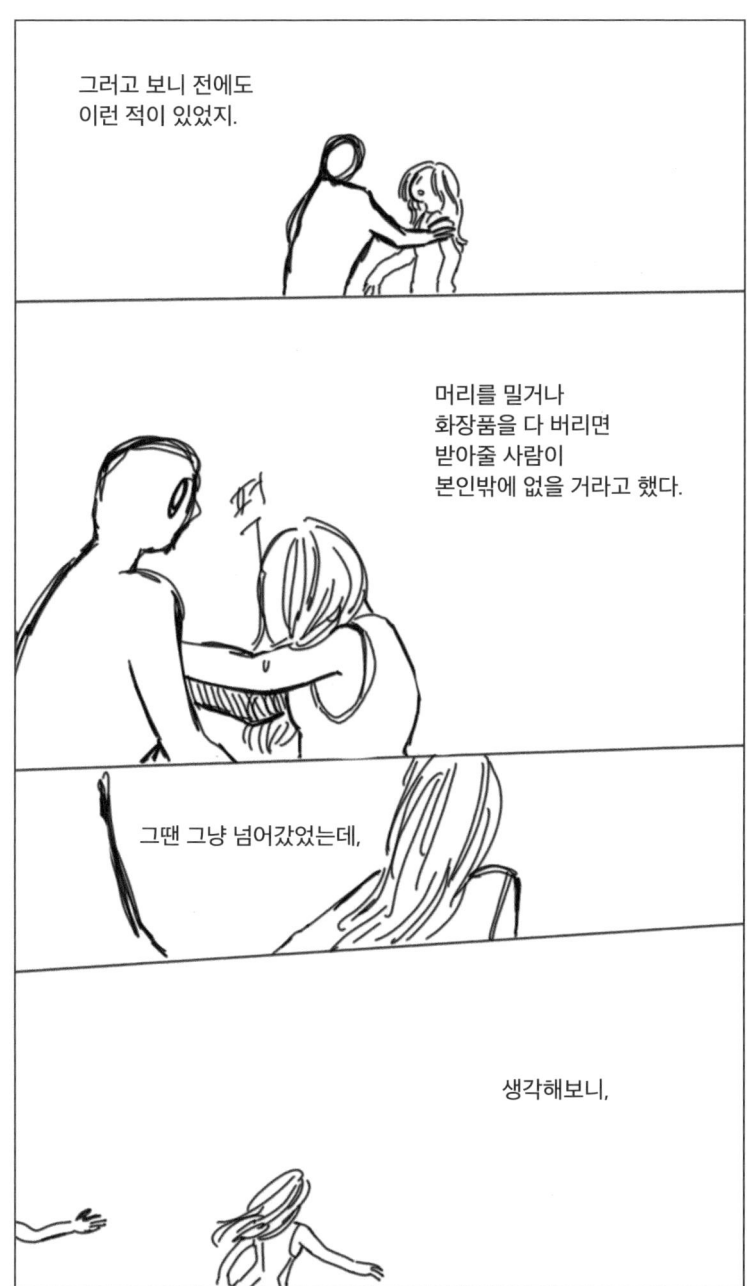

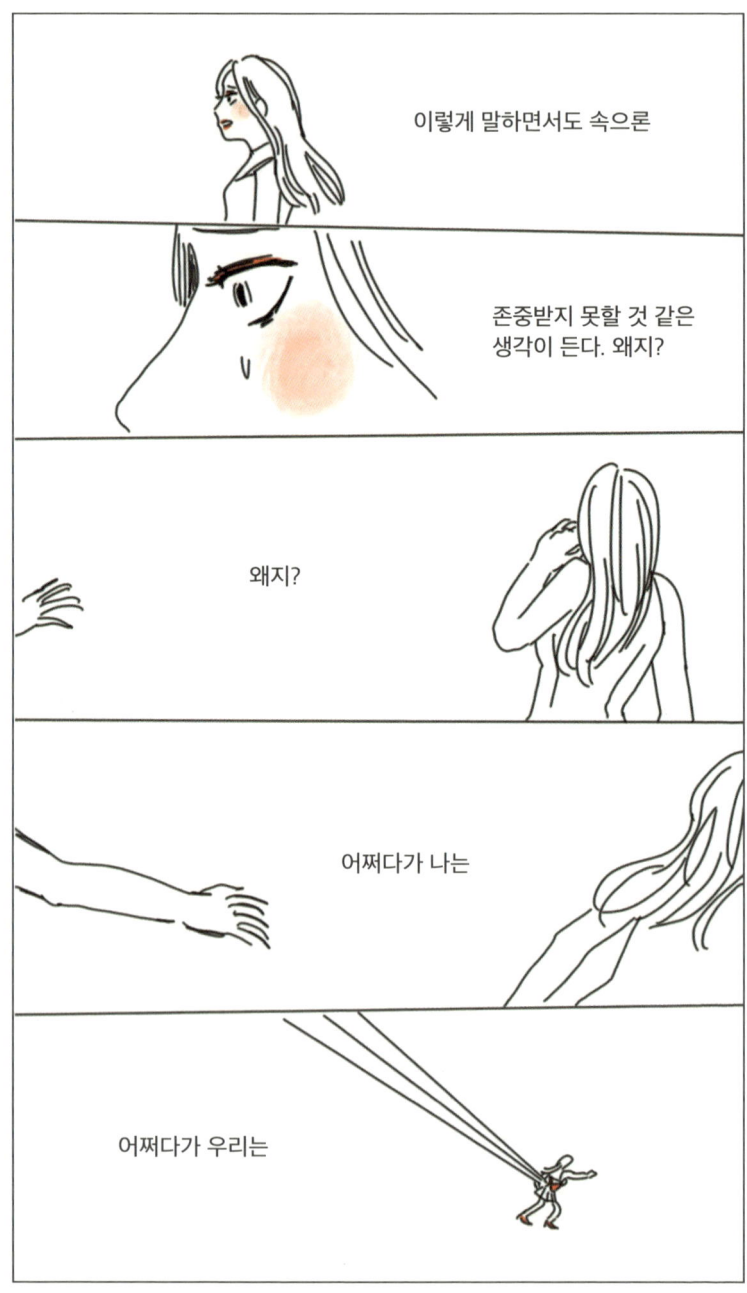

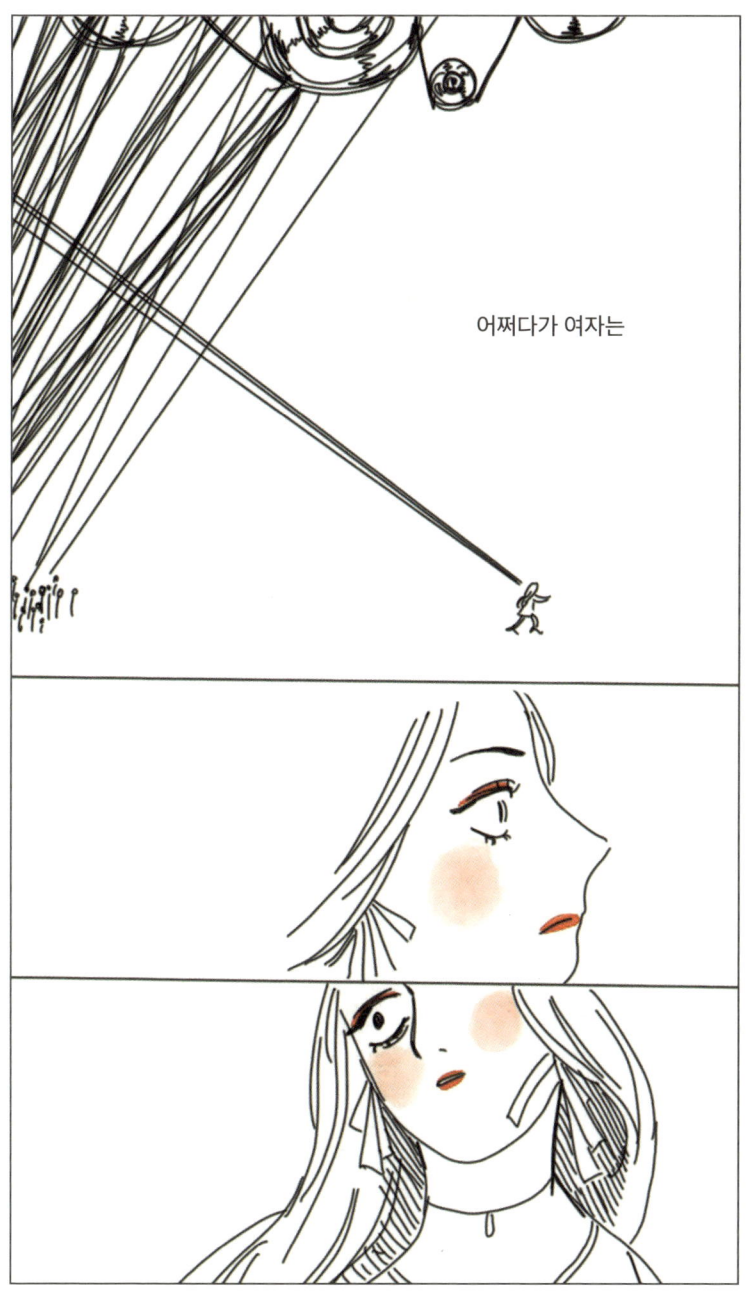

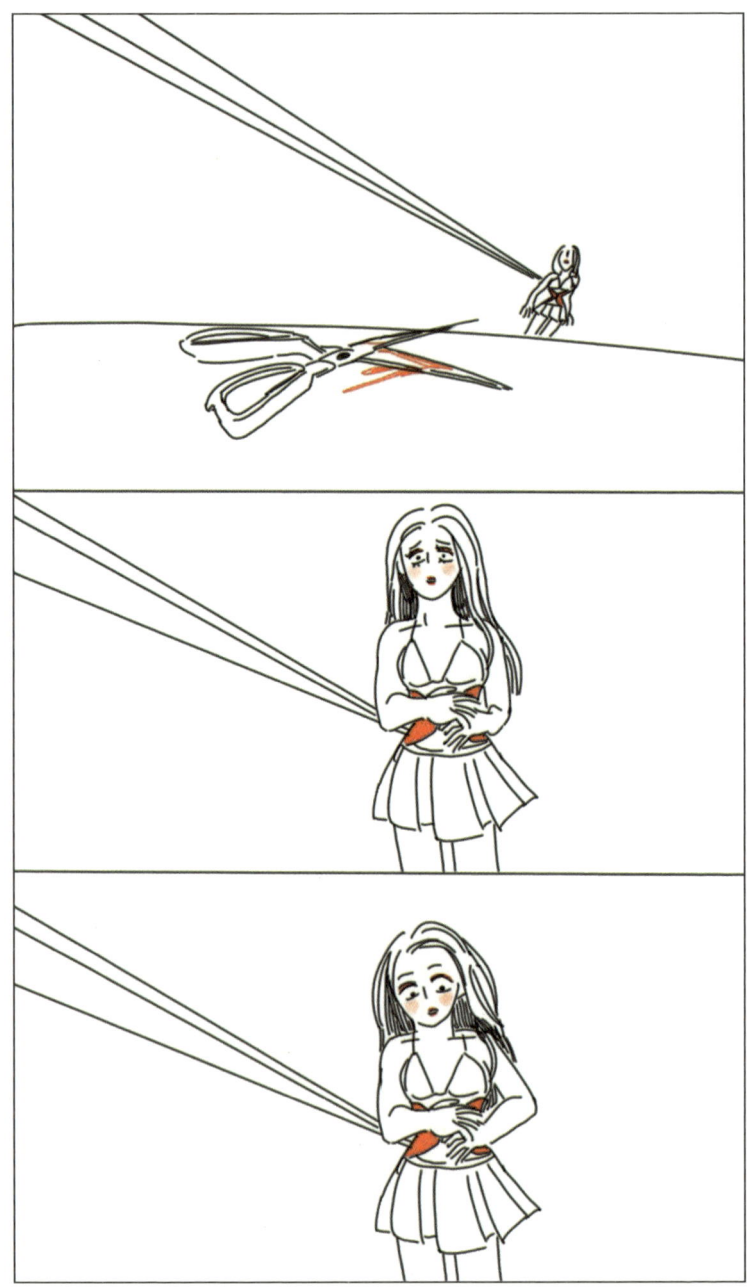

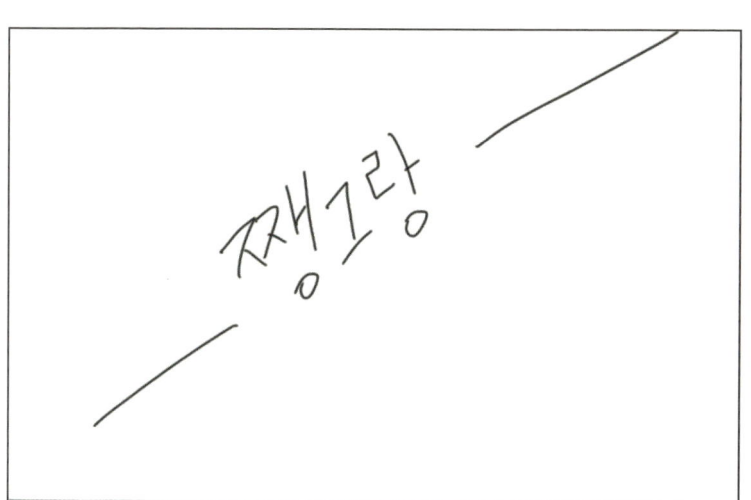

그러고 보니
아주 오래전에도

화장품을 깬 적이
있었다.

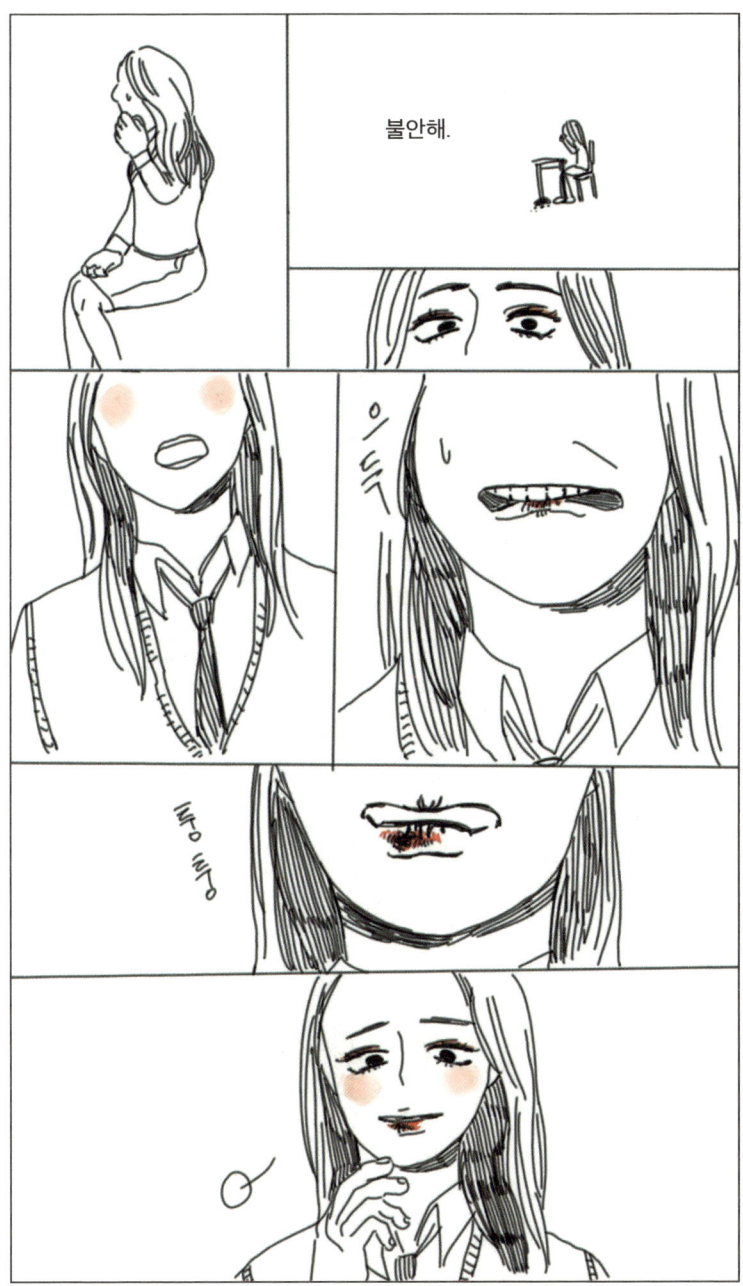

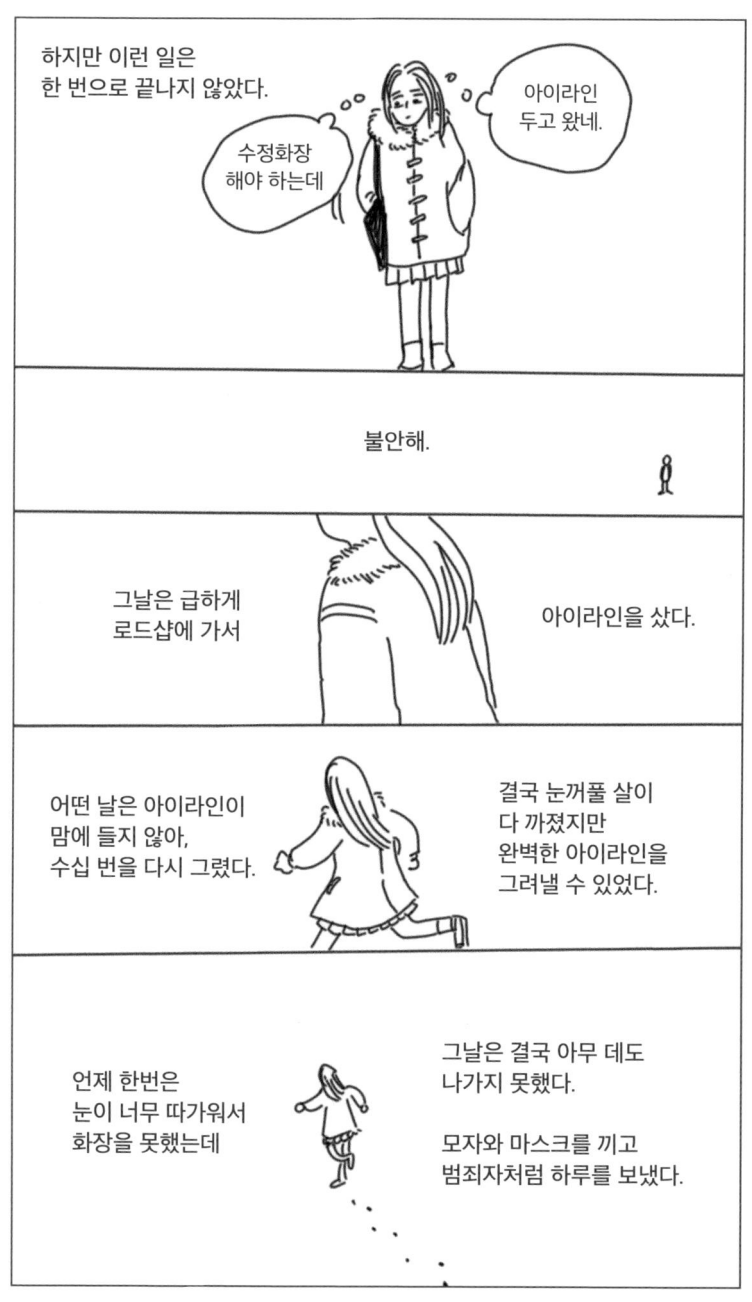

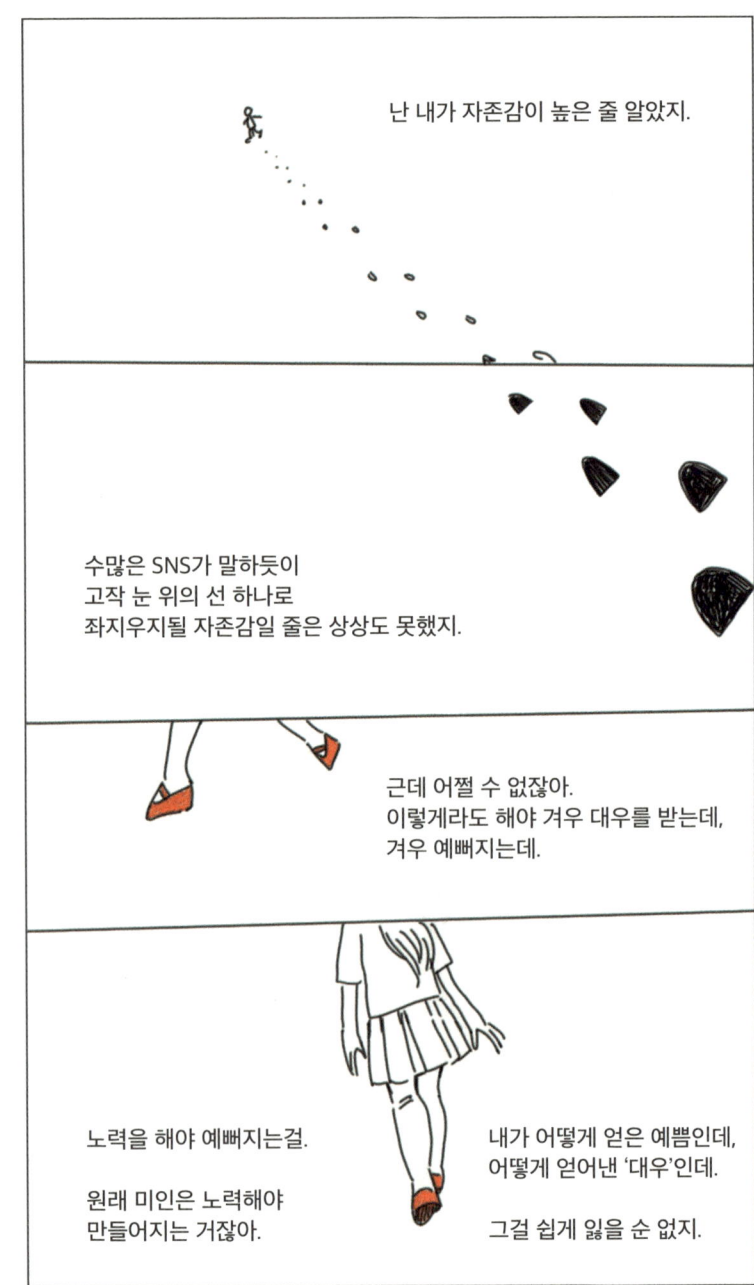

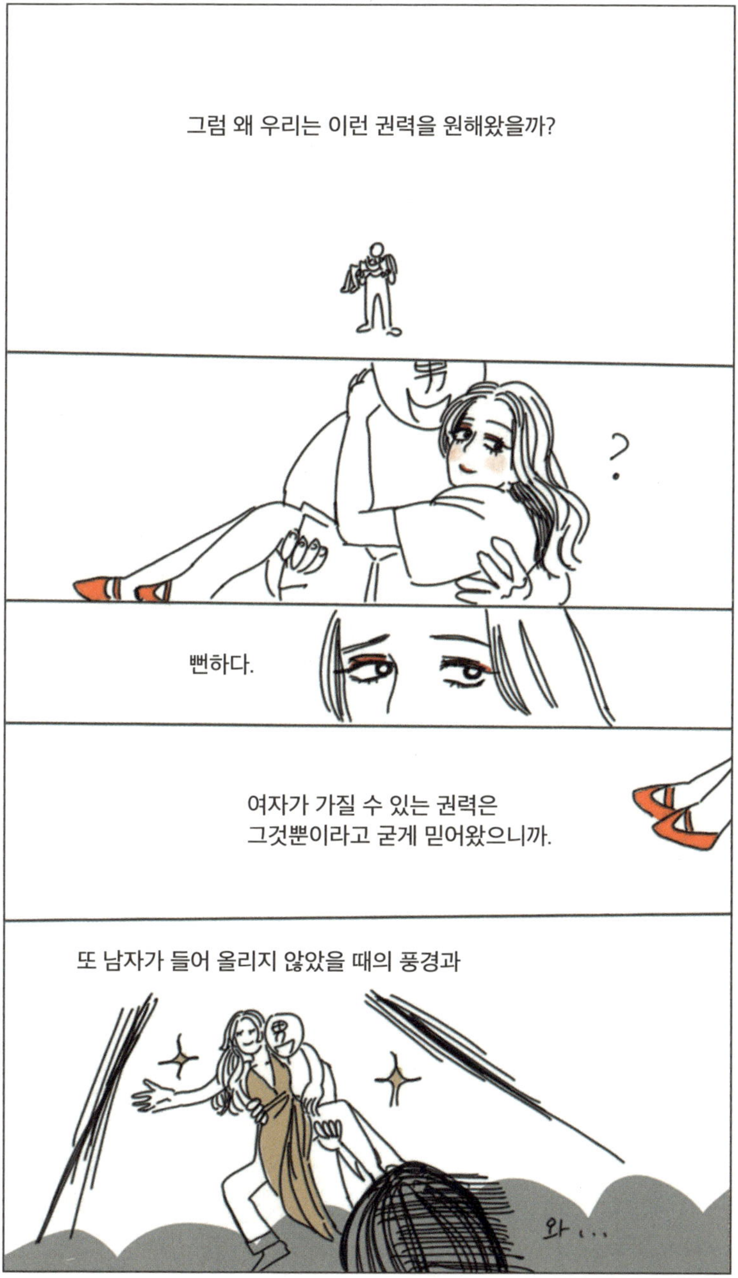

그럼 왜 우리는 이런 권력을 원해왔을까?

뻔하다.

여자가 가질 수 있는 권력은
그것뿐이라고 굳게 믿어왔으니까.

또 남자가 들어 올리지 않았을 때의 풍경과

와...

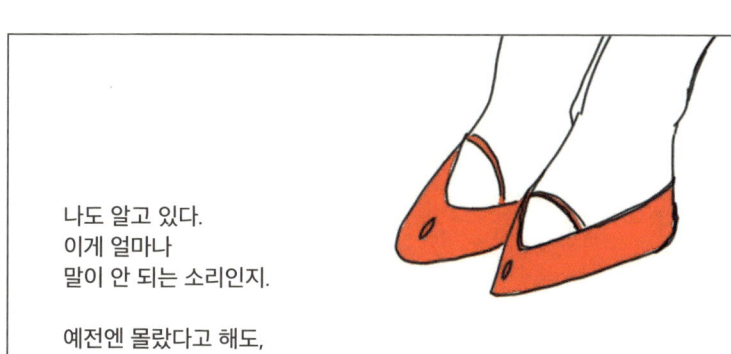

나도 알고 있다.
이게 얼마나
말이 안 되는 소리인지.

예전엔 몰랐다고 해도,
지금은 안다.

아는데.

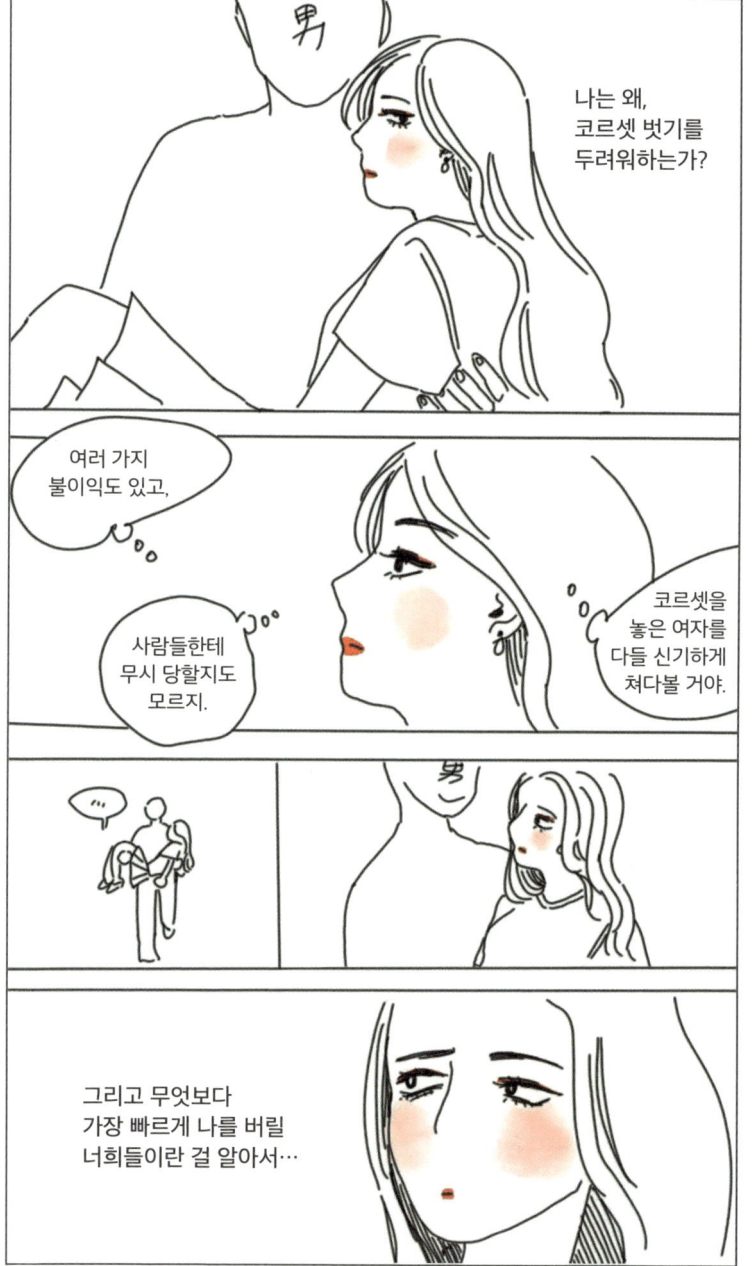

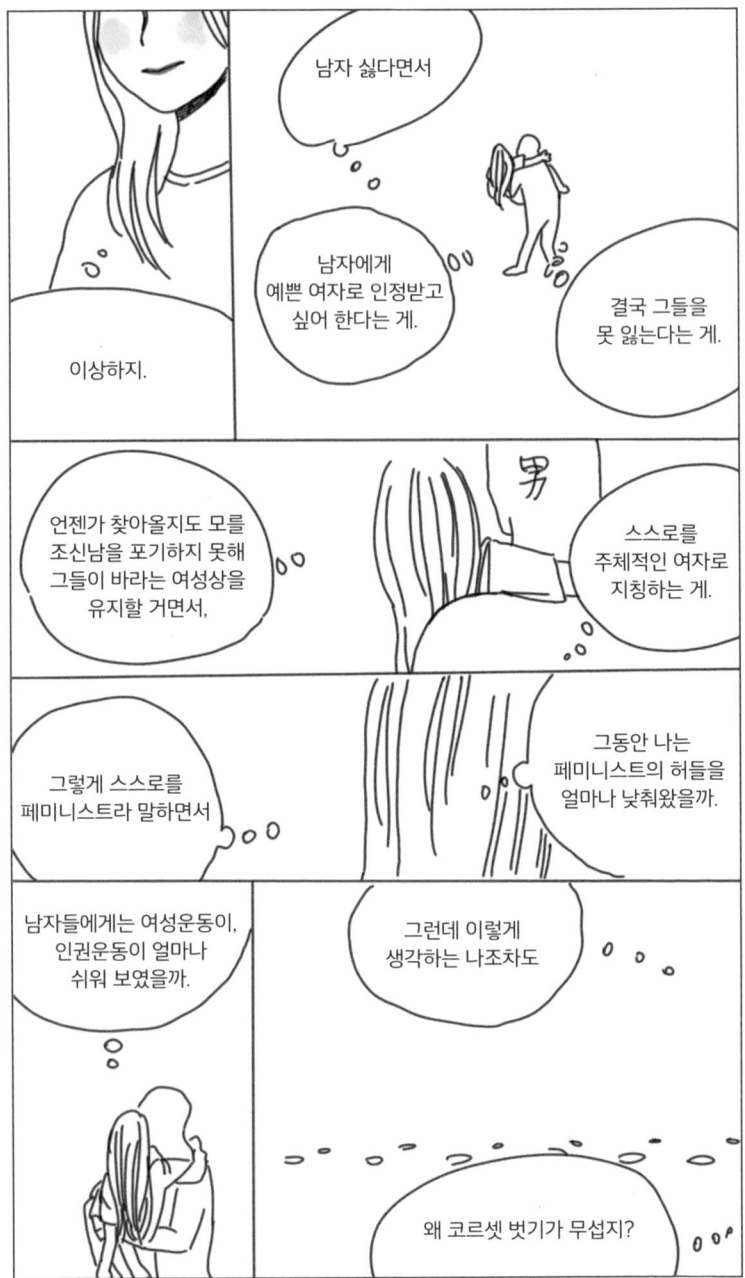

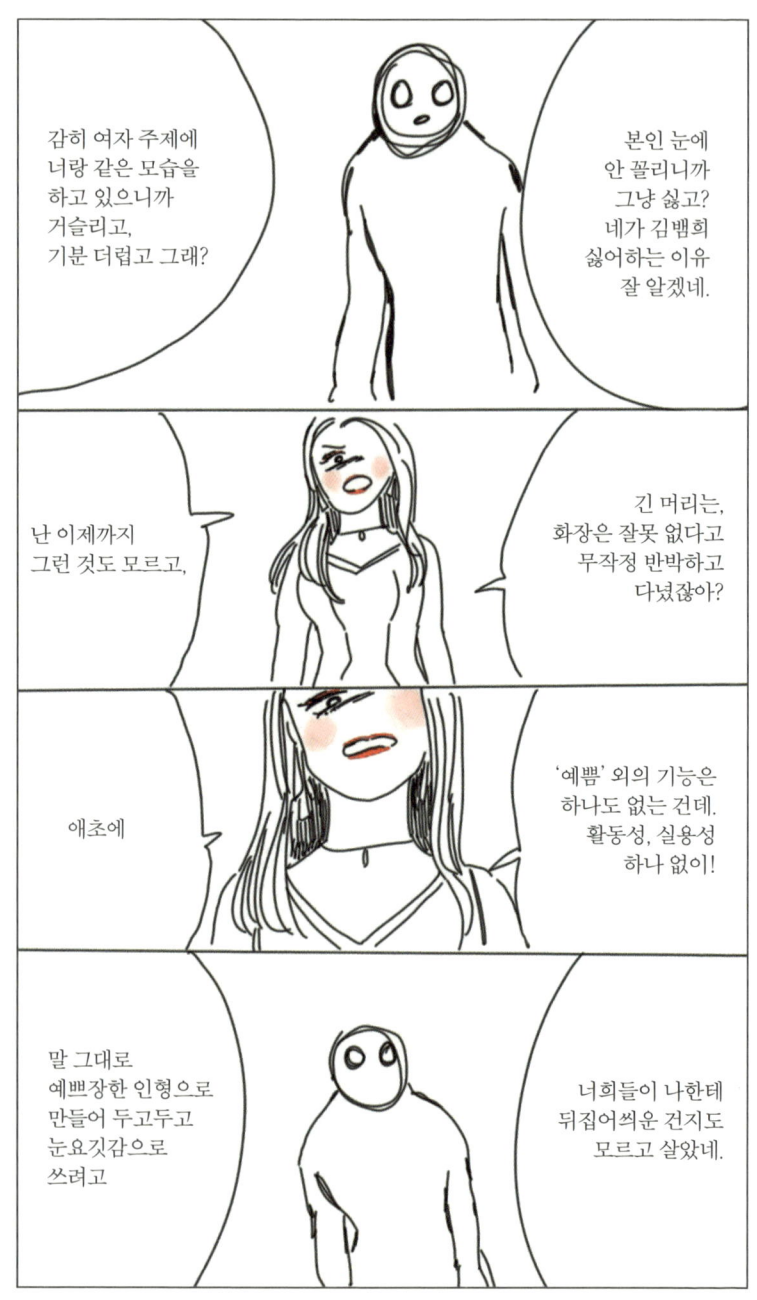

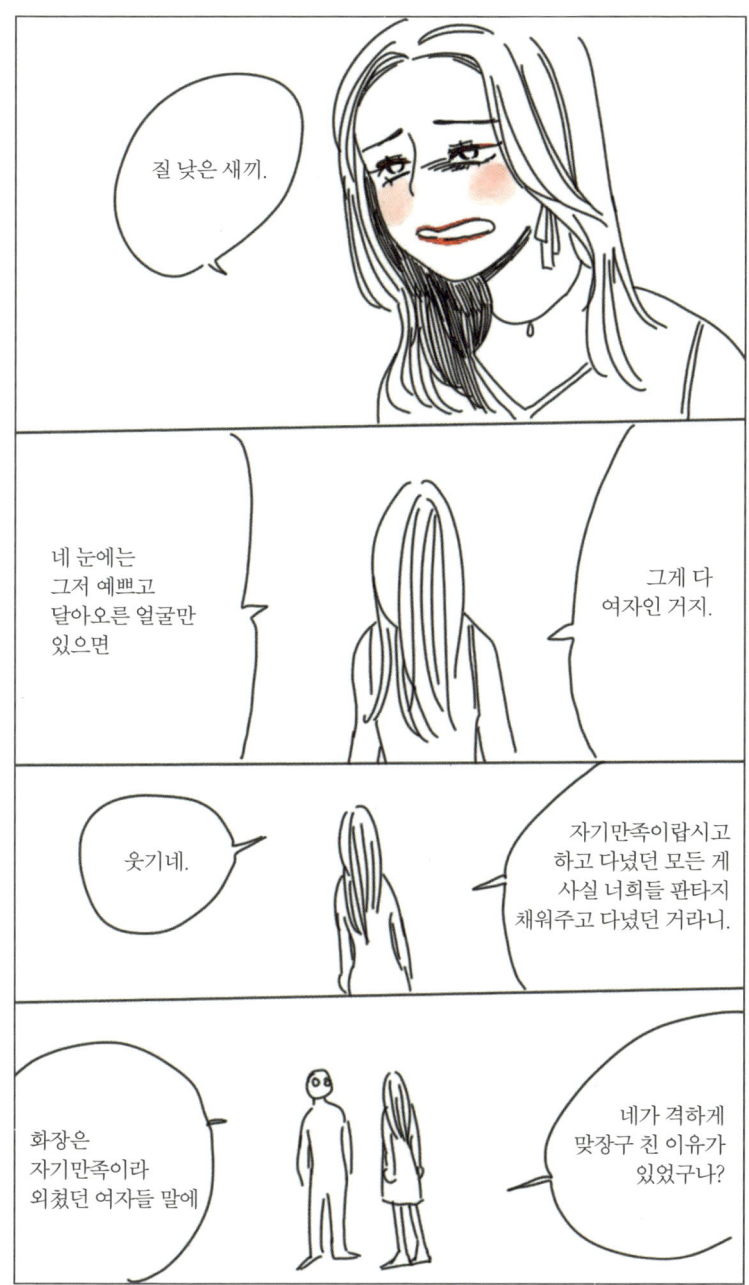

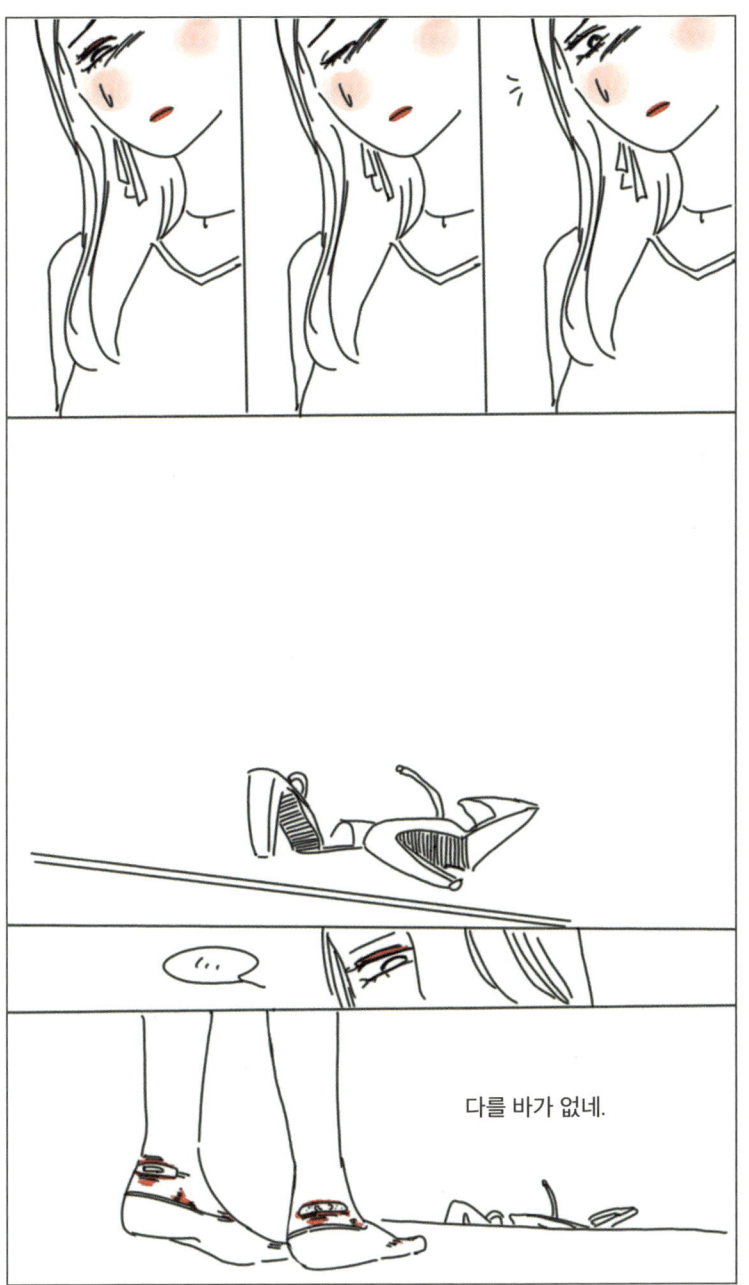

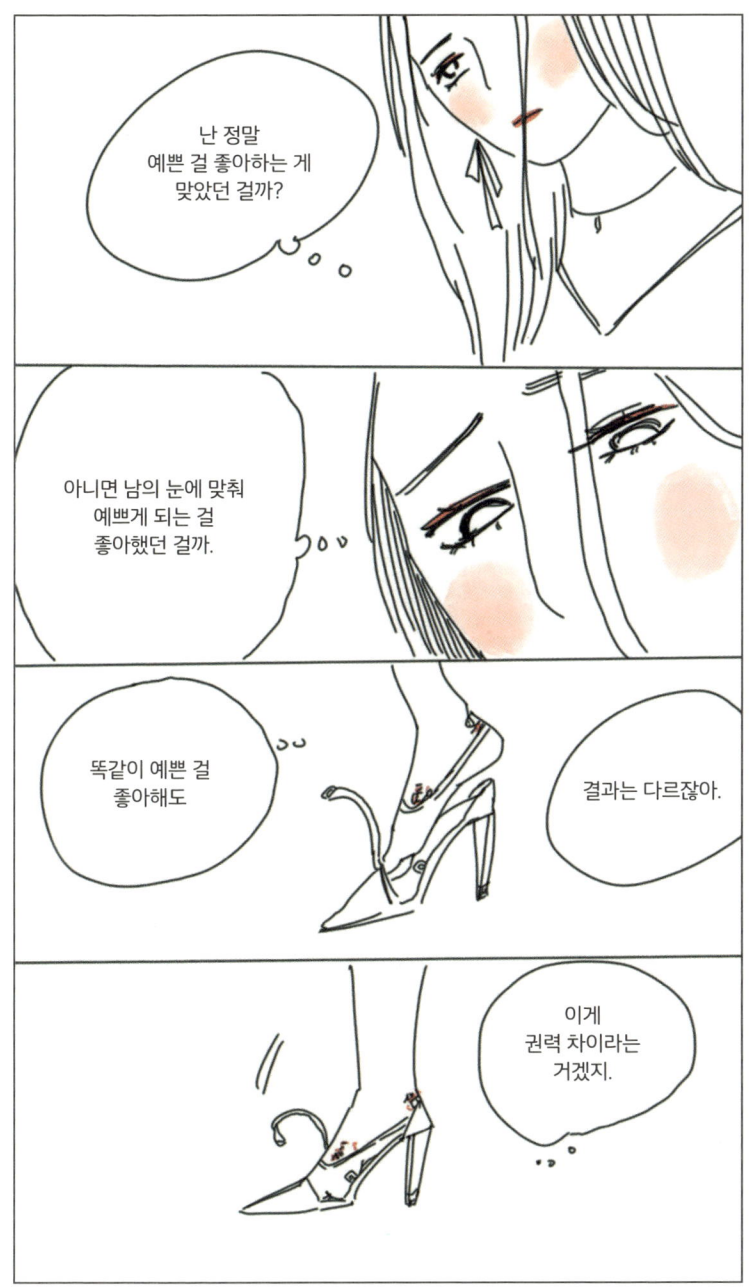

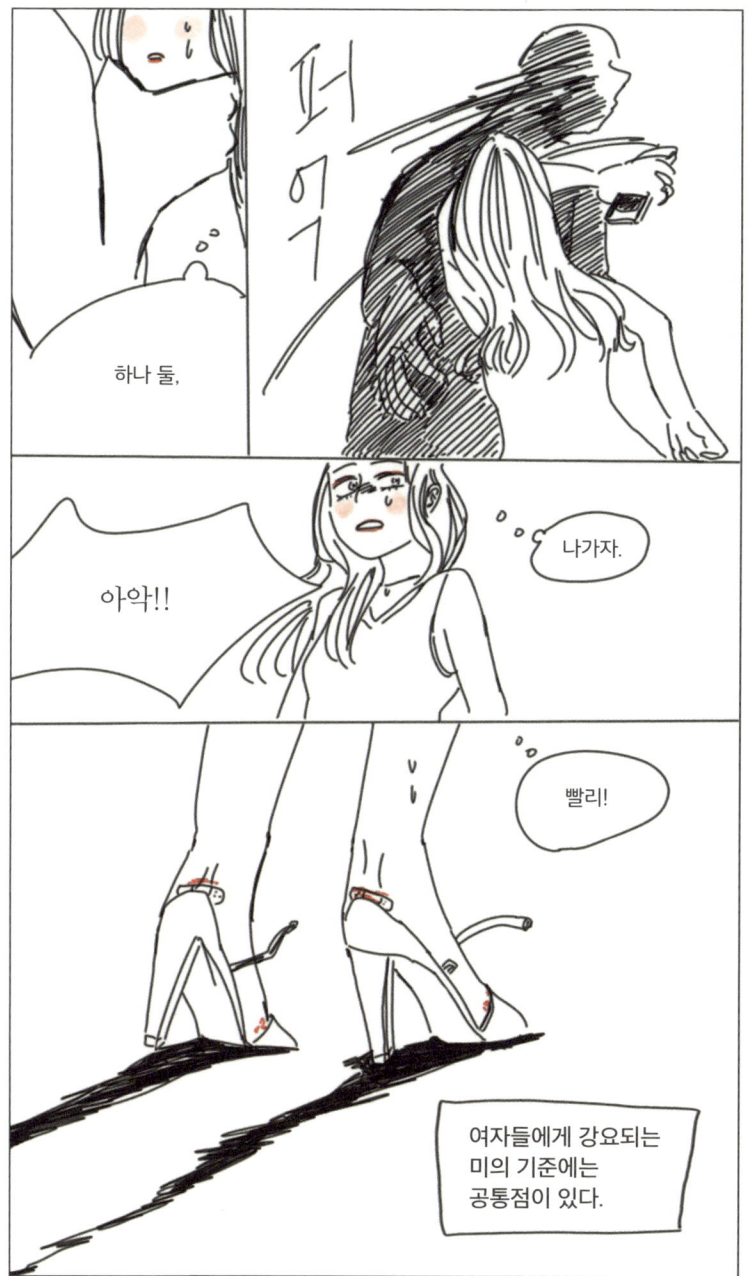

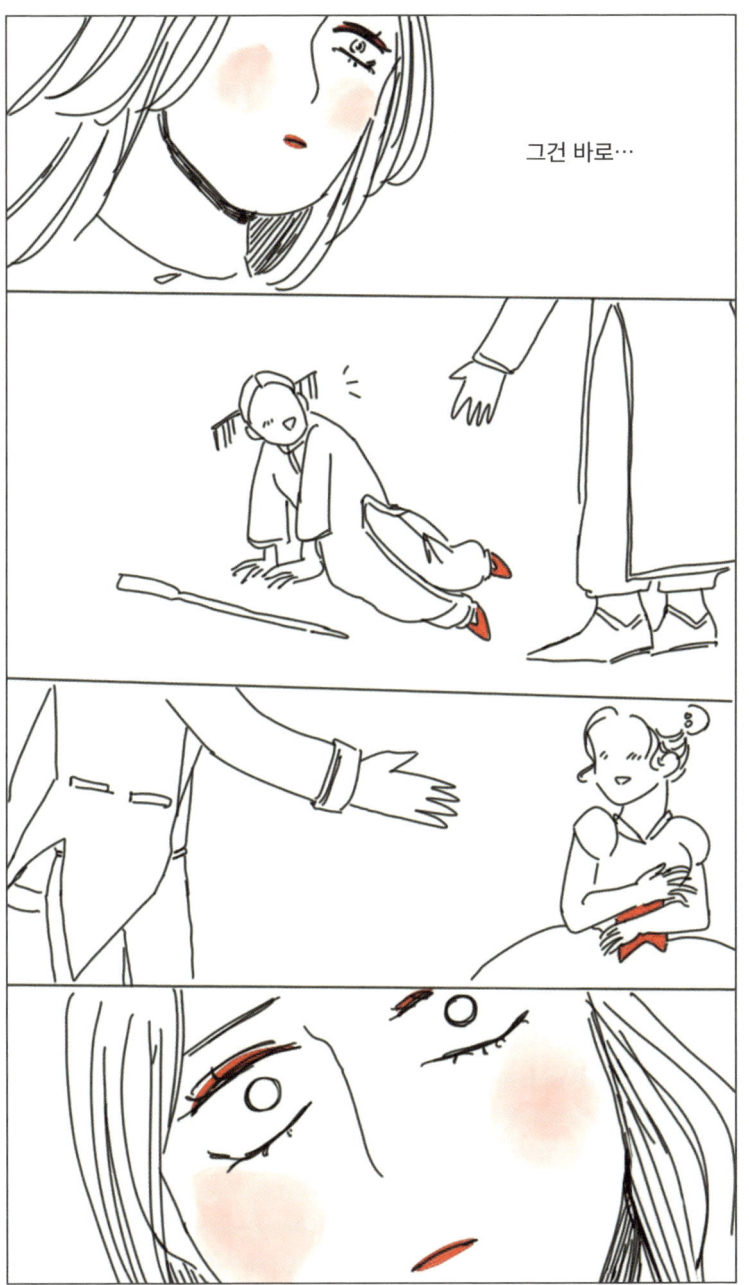

여자는 여리여리해야 한다,
보호본능을 자극해야 한다,
약한 척해라,
내숭떨 줄 알아야 한다,
쓰러진 척해서 남자를 꼬셔라 등…

이런 말들을
온갖 매체에서
쉽게 볼 수 있단 사실을
우리는 절대
간과해서는 안 된다.

여자의 기형적인
'마름 추구'로

남자는 여자에게
없으면 안 되는
존재가 됐다.

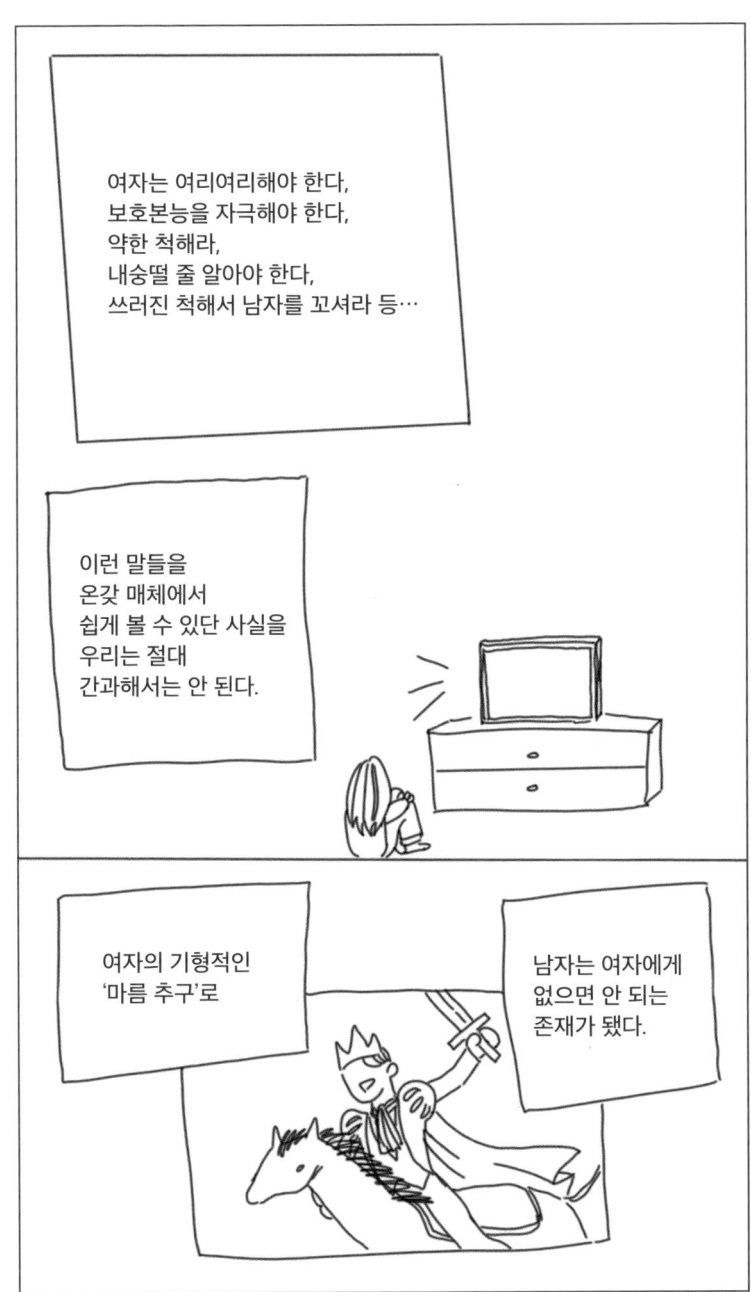

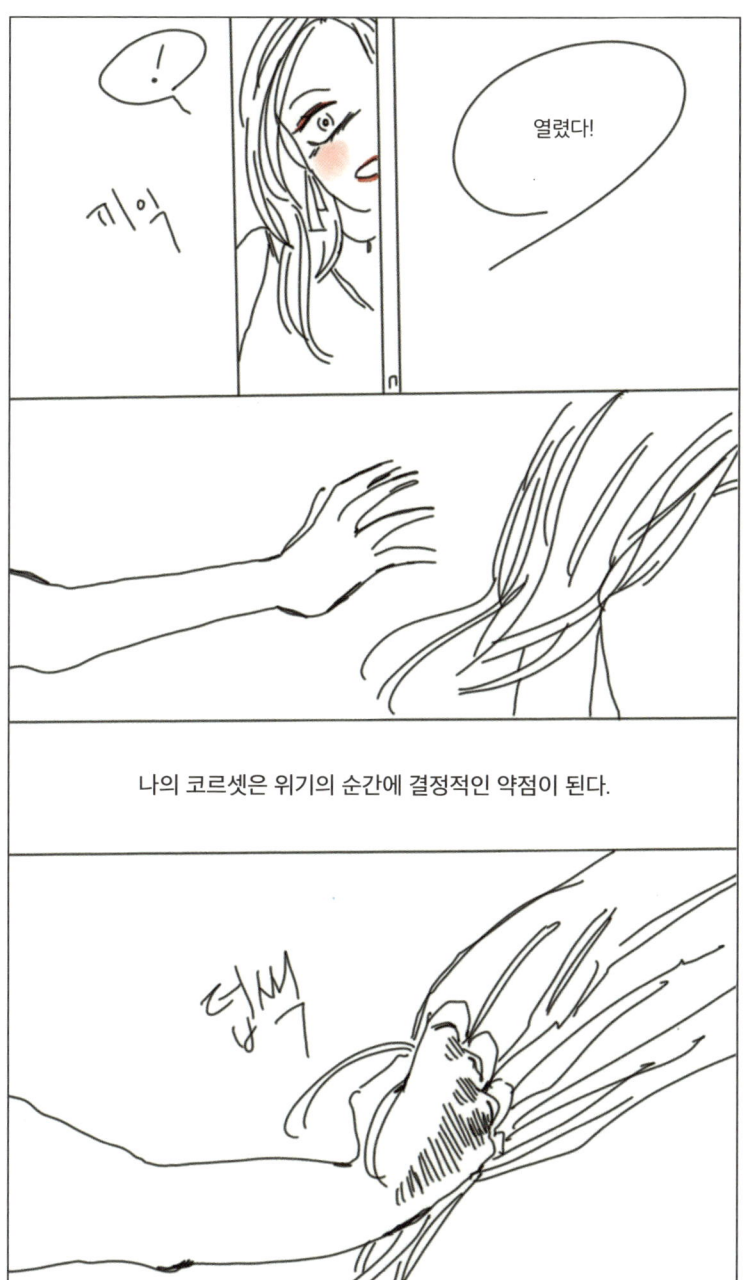

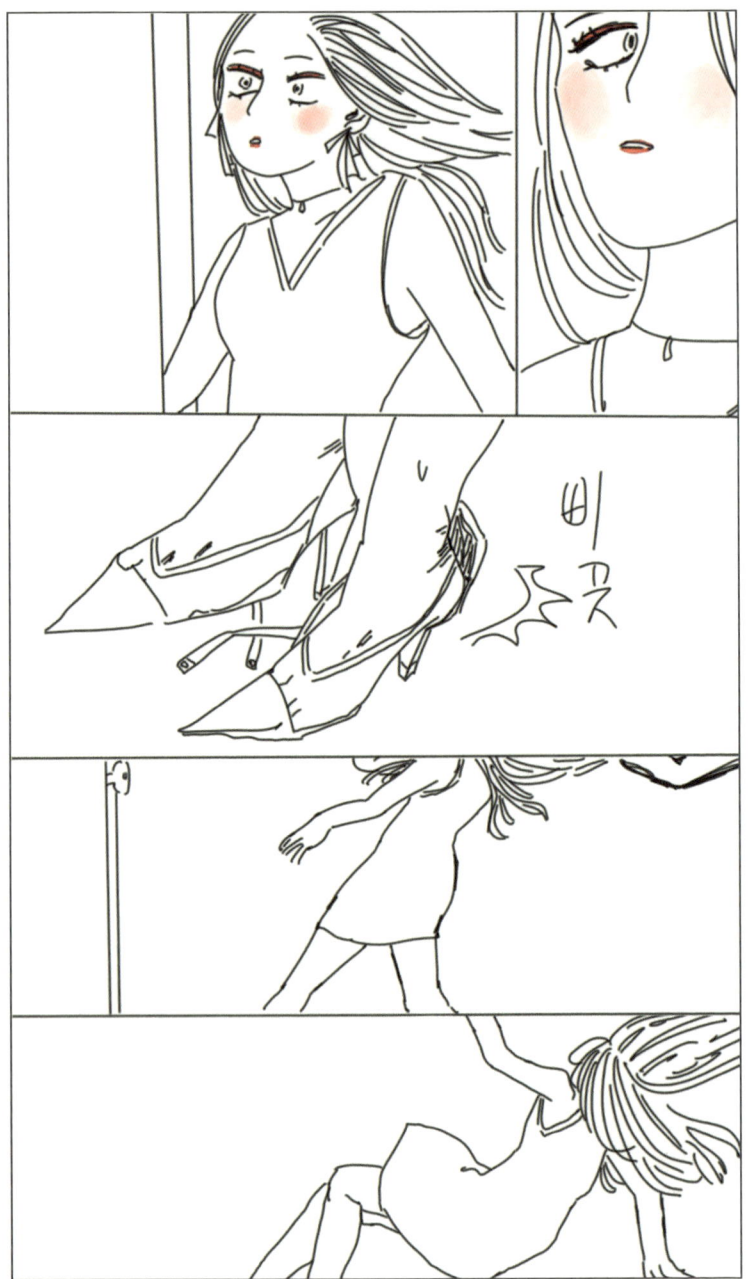

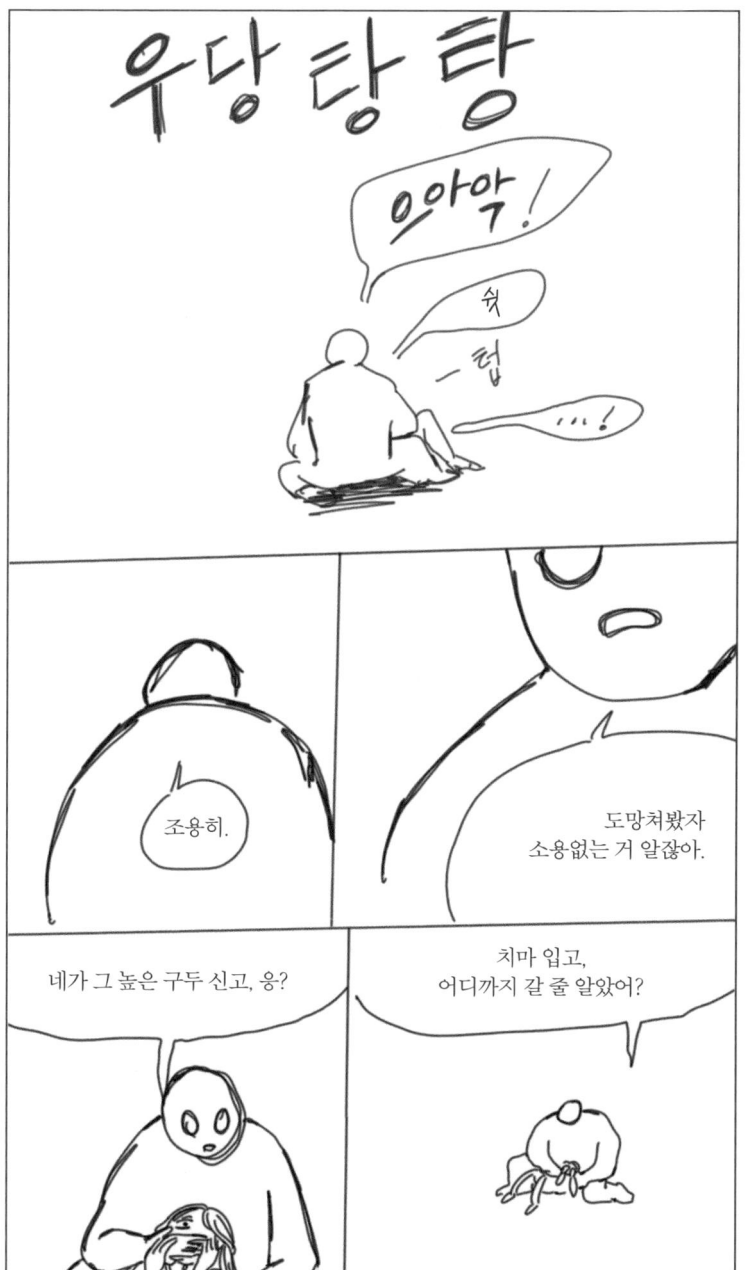

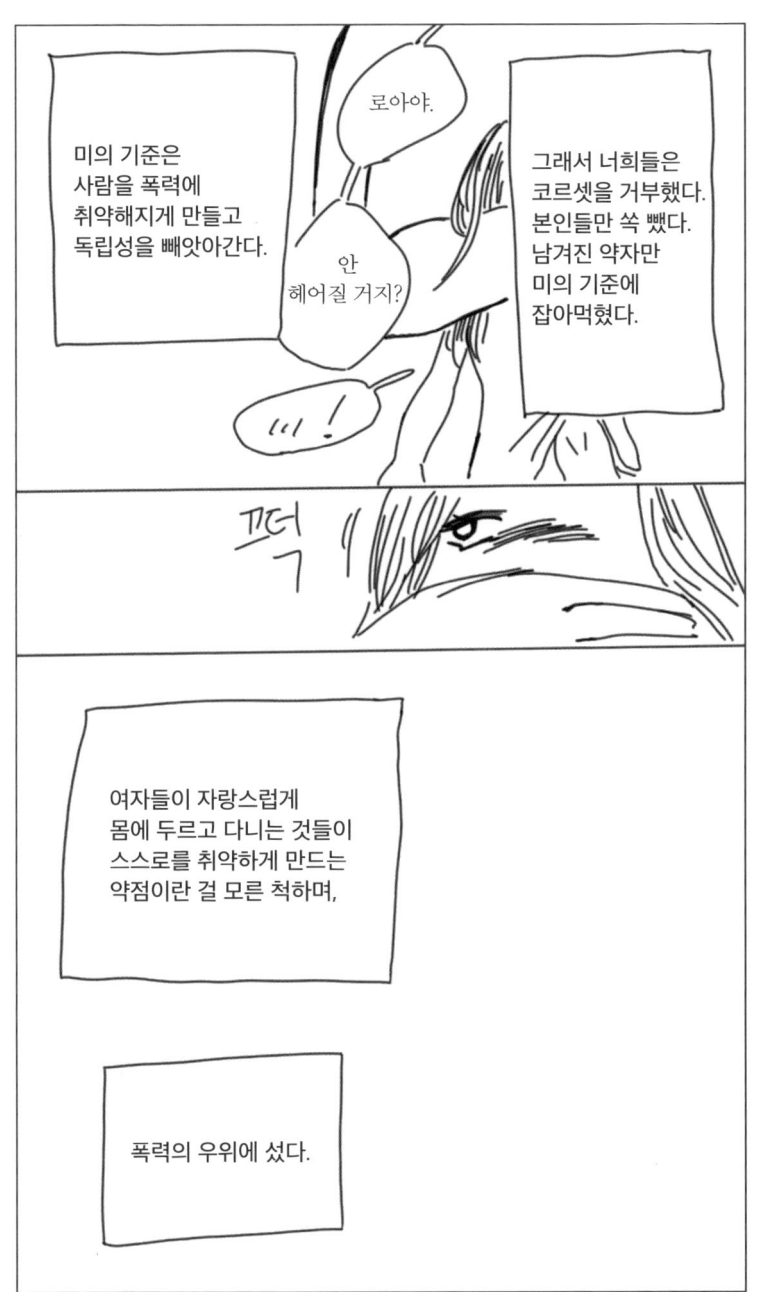

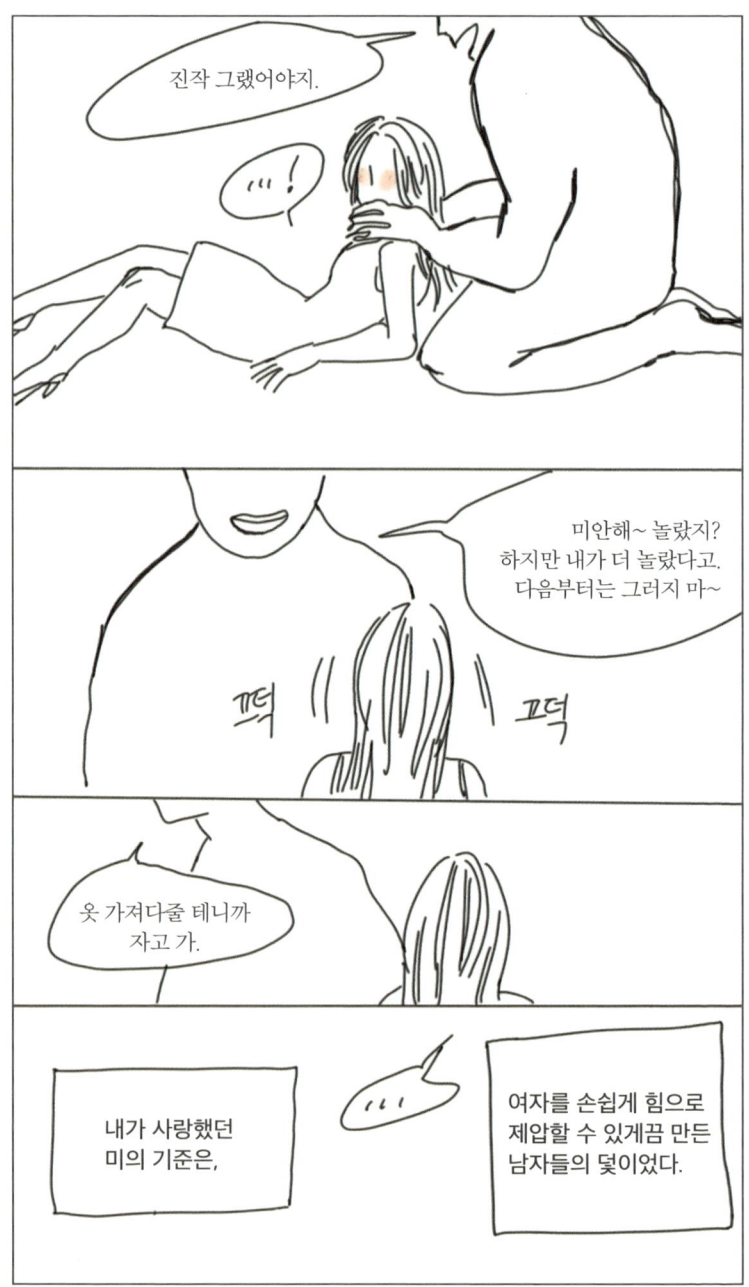

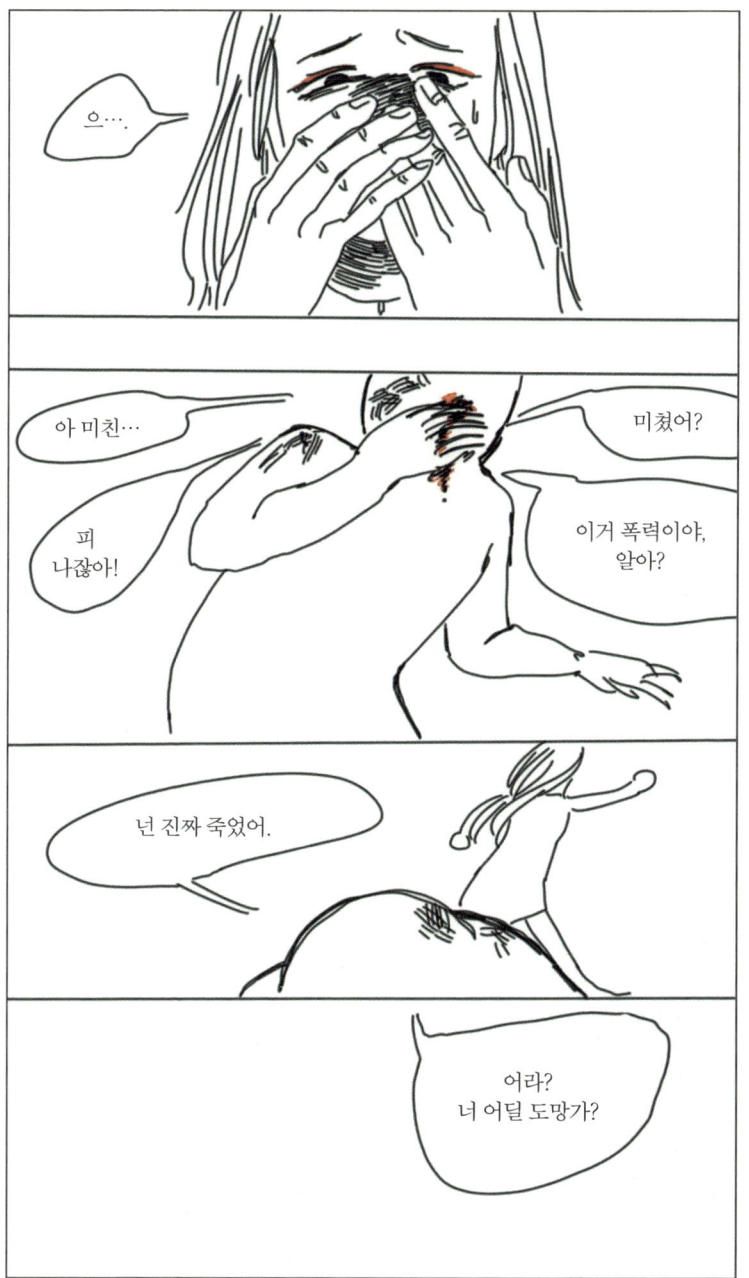

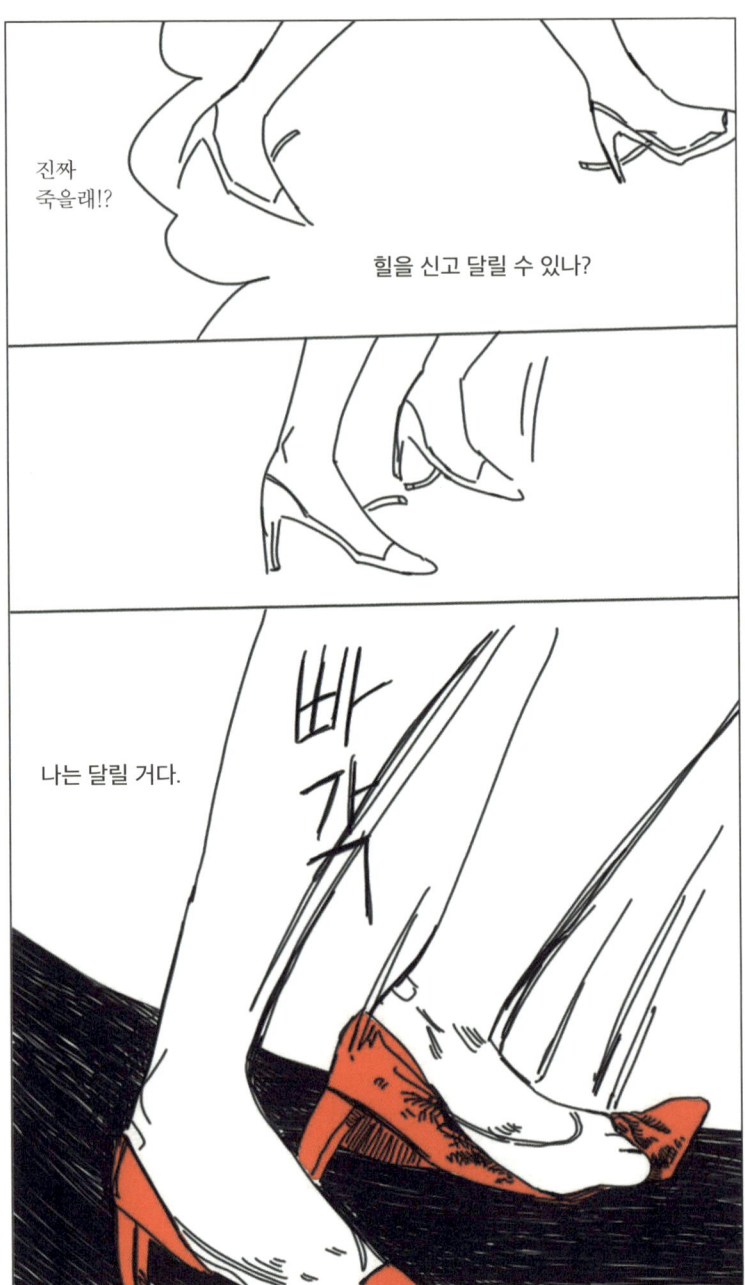

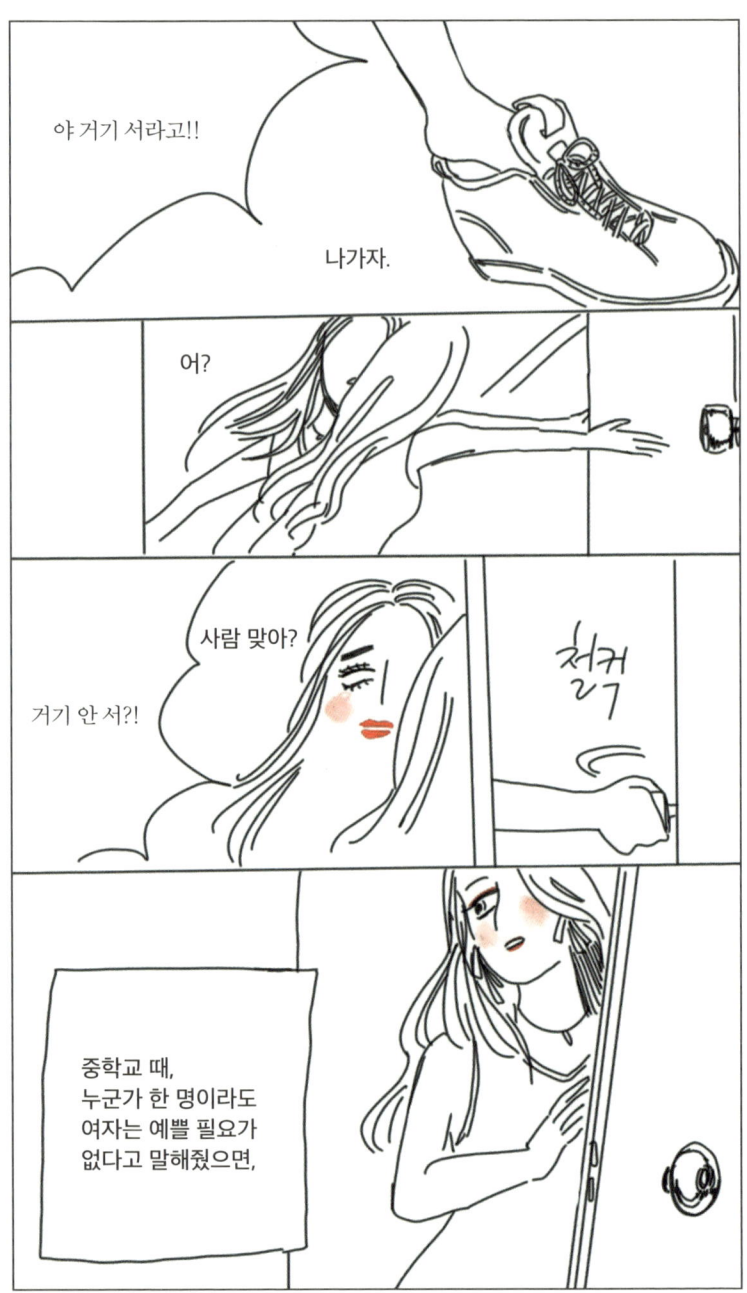

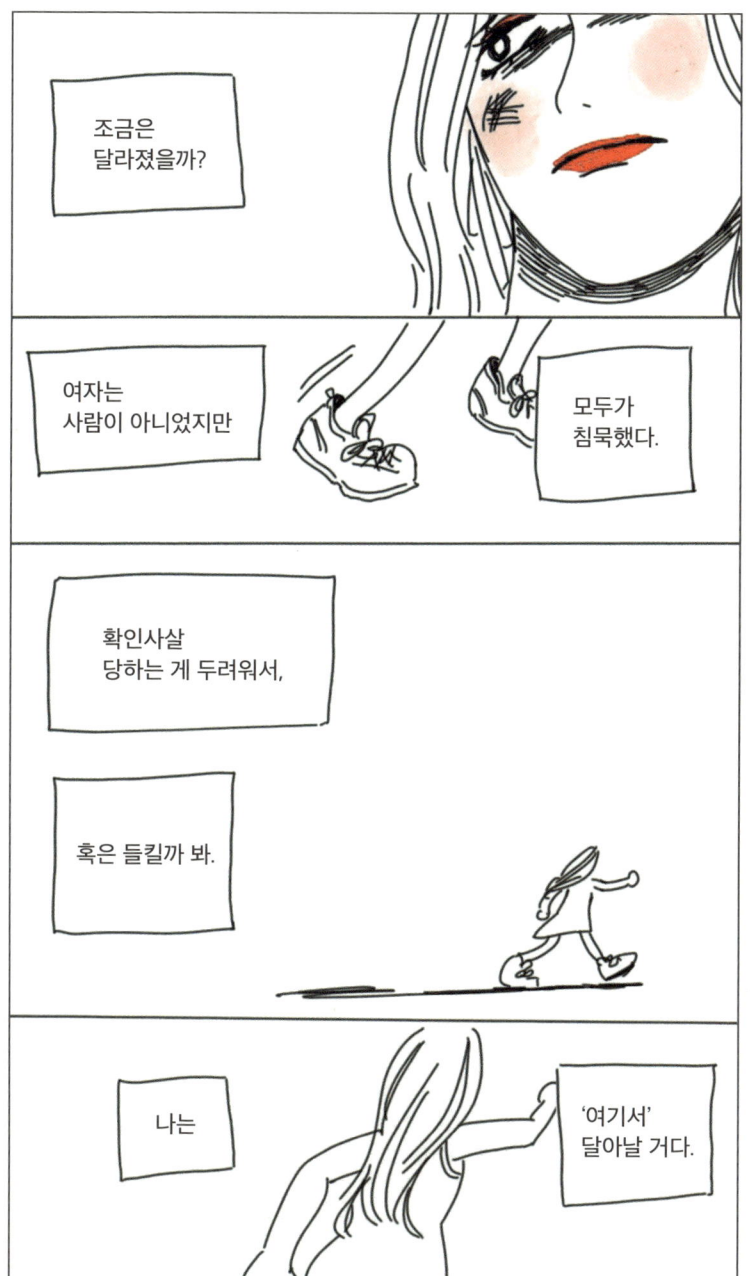

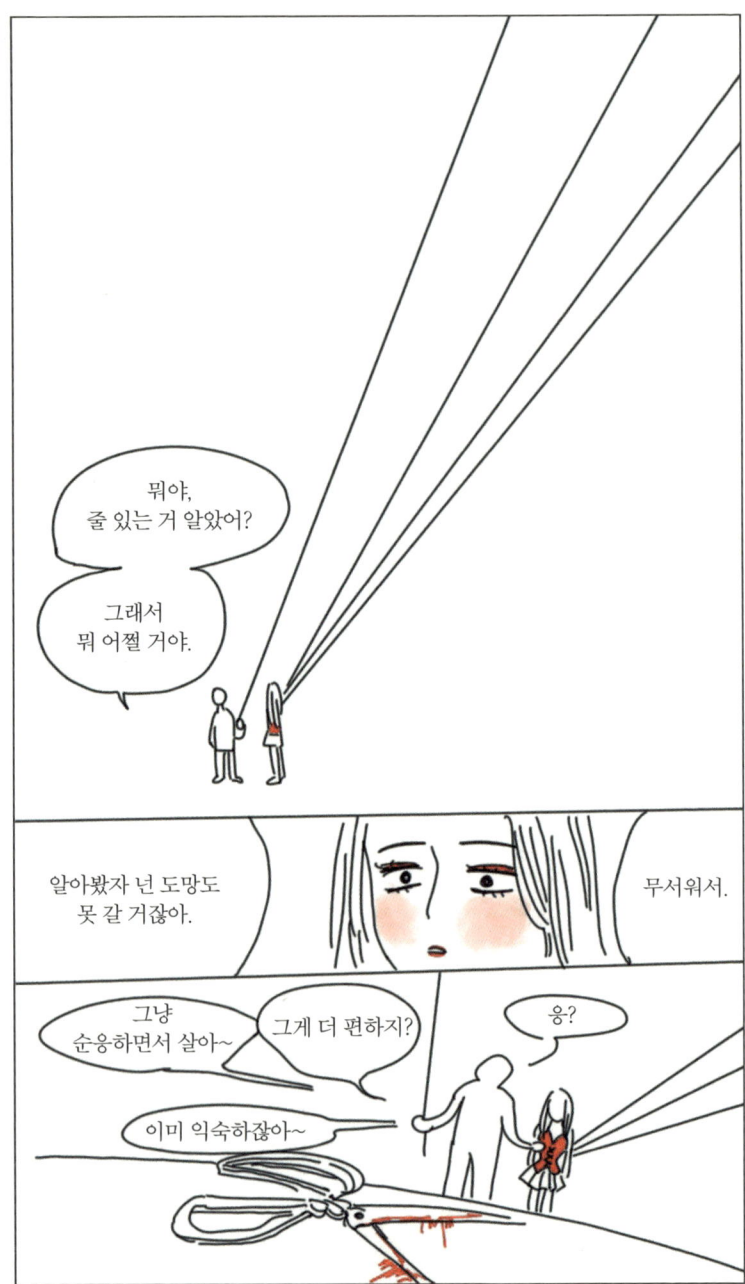

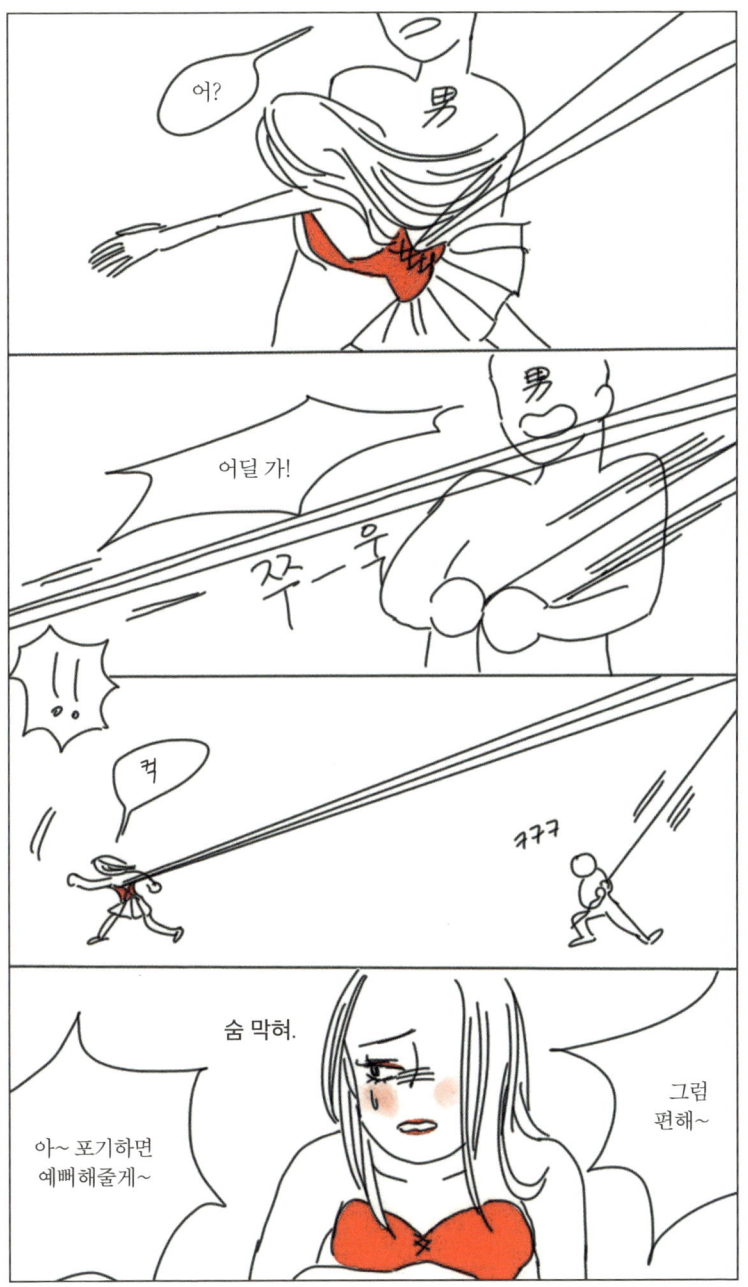

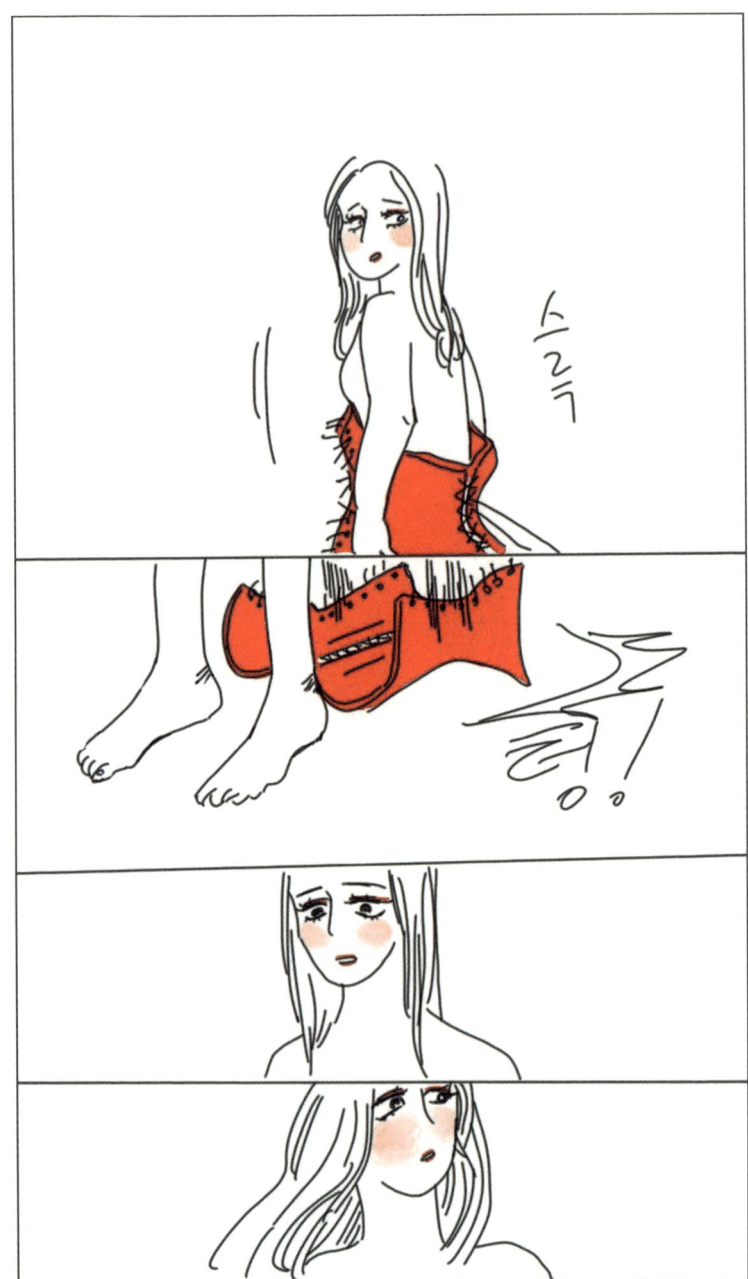

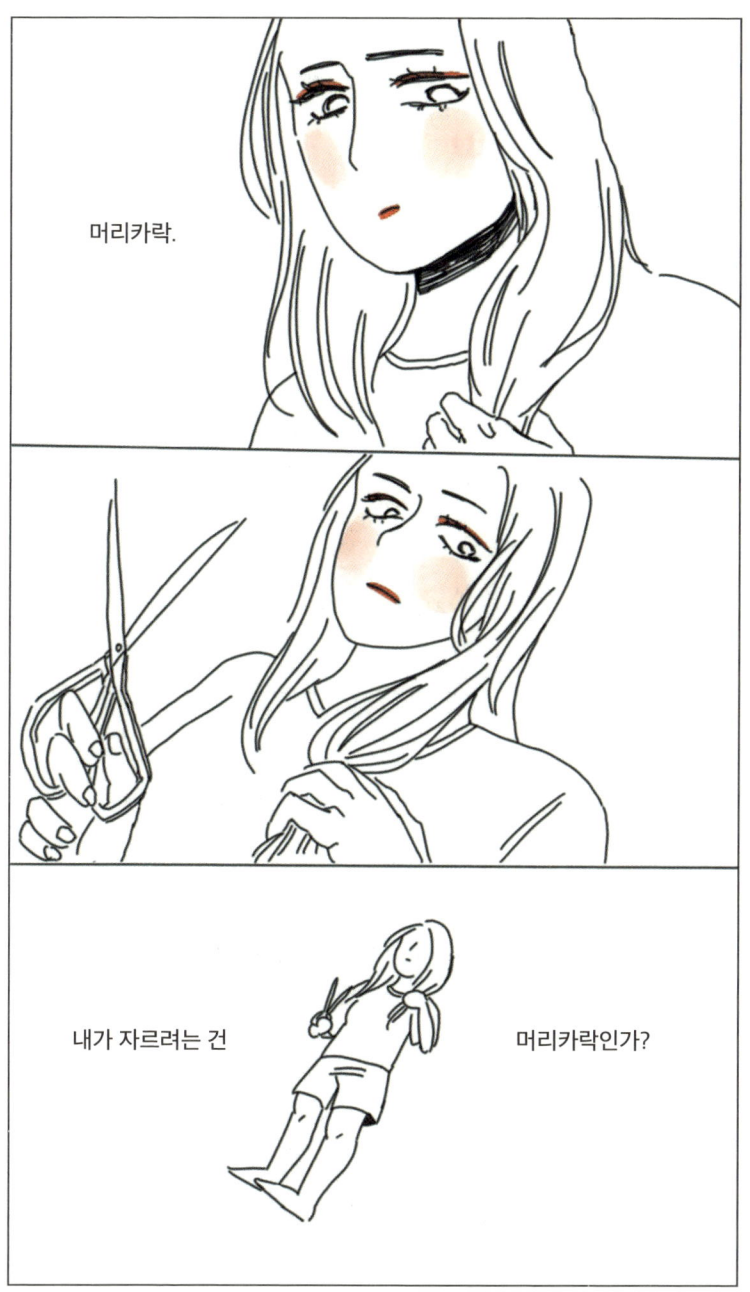

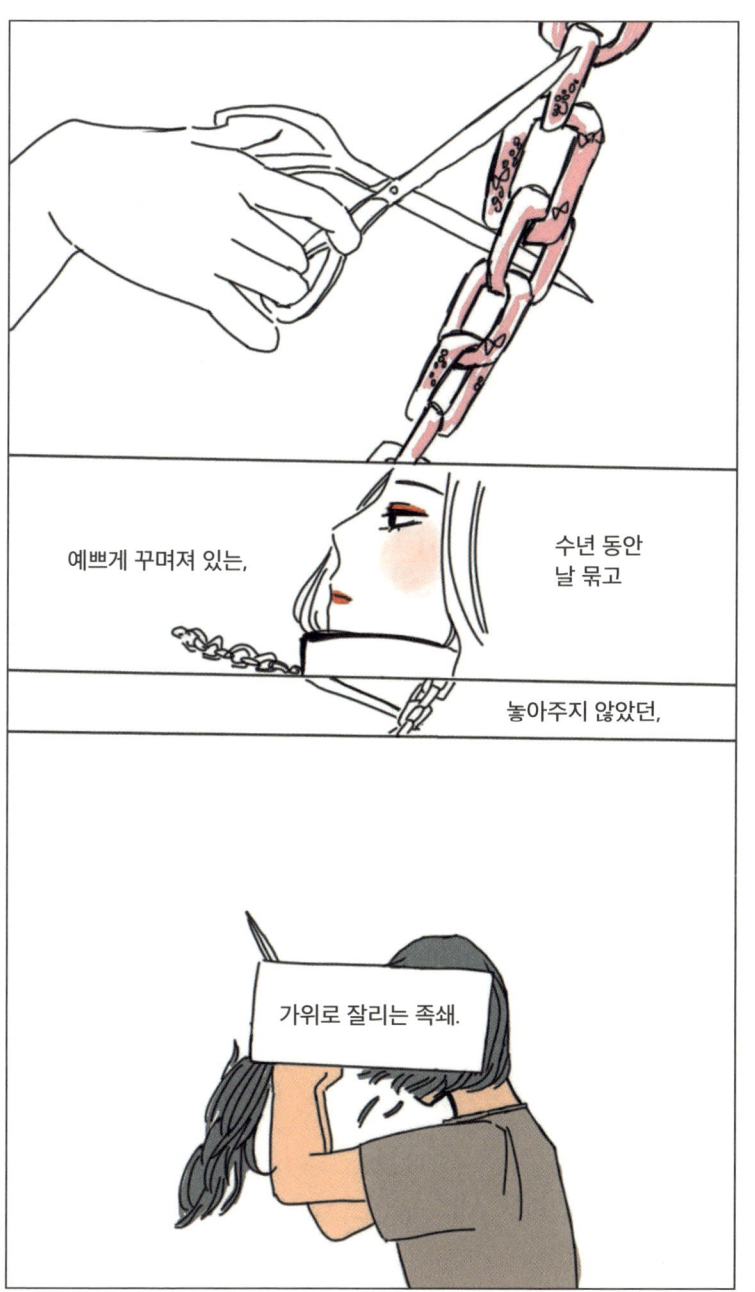

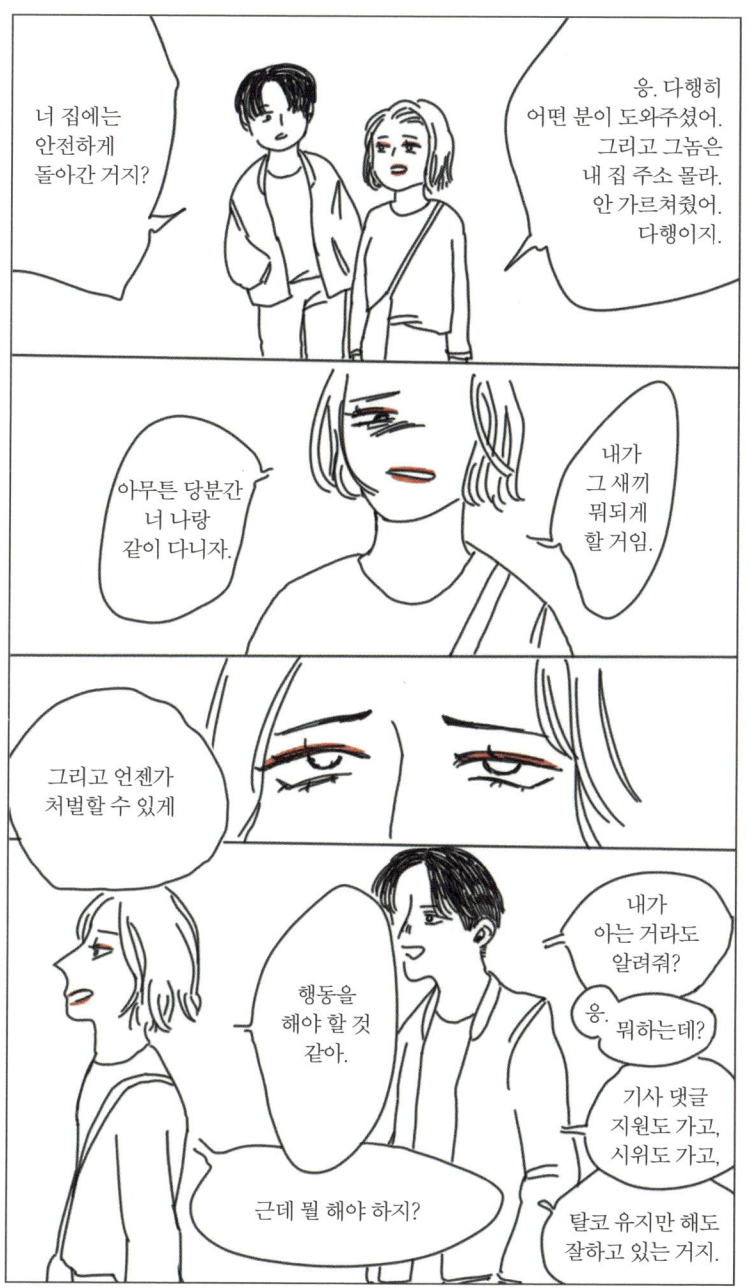

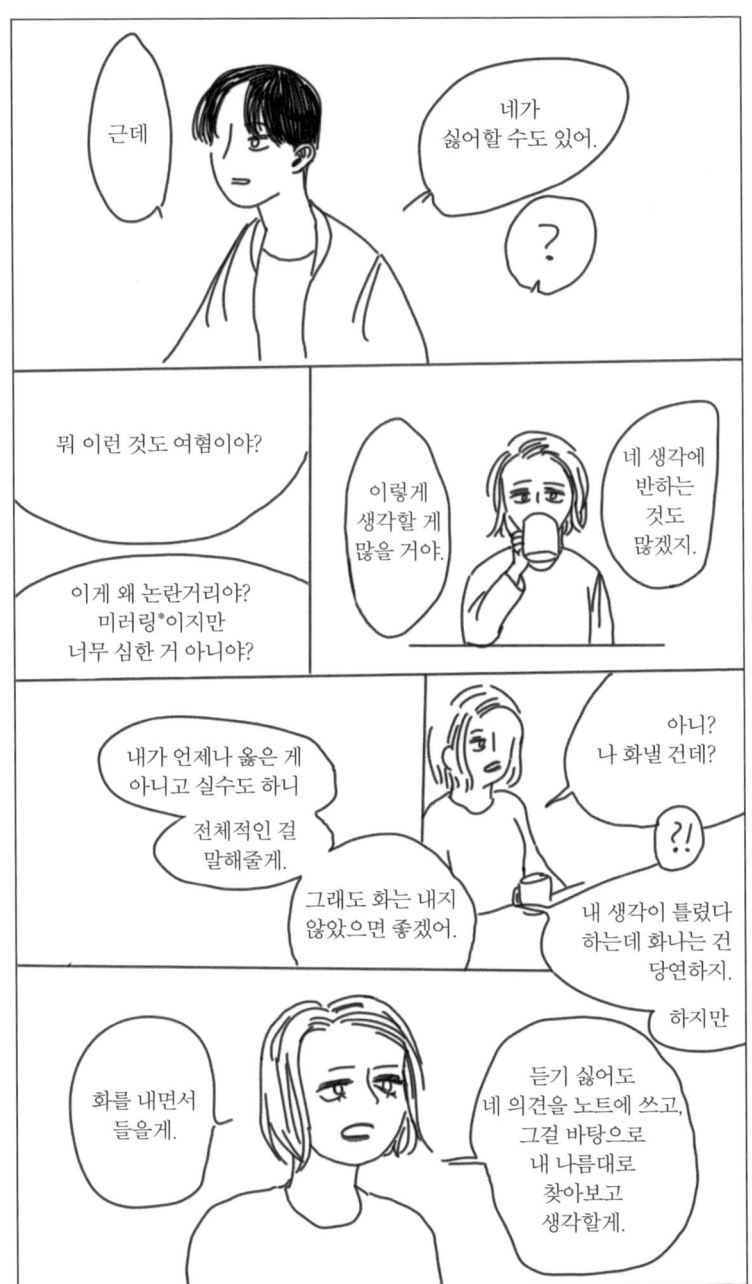

* 여성혐오적인 말이나 글, 사상·행태·행동을 등장인물이나 화자의 성별만 뒤집어 보여줌으로써 사회의 골조를 이룬 여성혐오를 선명하게 드러내기 위한 논증 전략. 본래 당연한 것으로 여겨지던 현상도 성별만 반전하면 얼마나

인권침해적이고 부당한 것이었는지 명백히 드러나게 된다. 미러링은 이러한 차별을 가공하여 전시하는 행위를 통해 일상이 돼버린 여자에 대한 차별을 자각하게 한다.

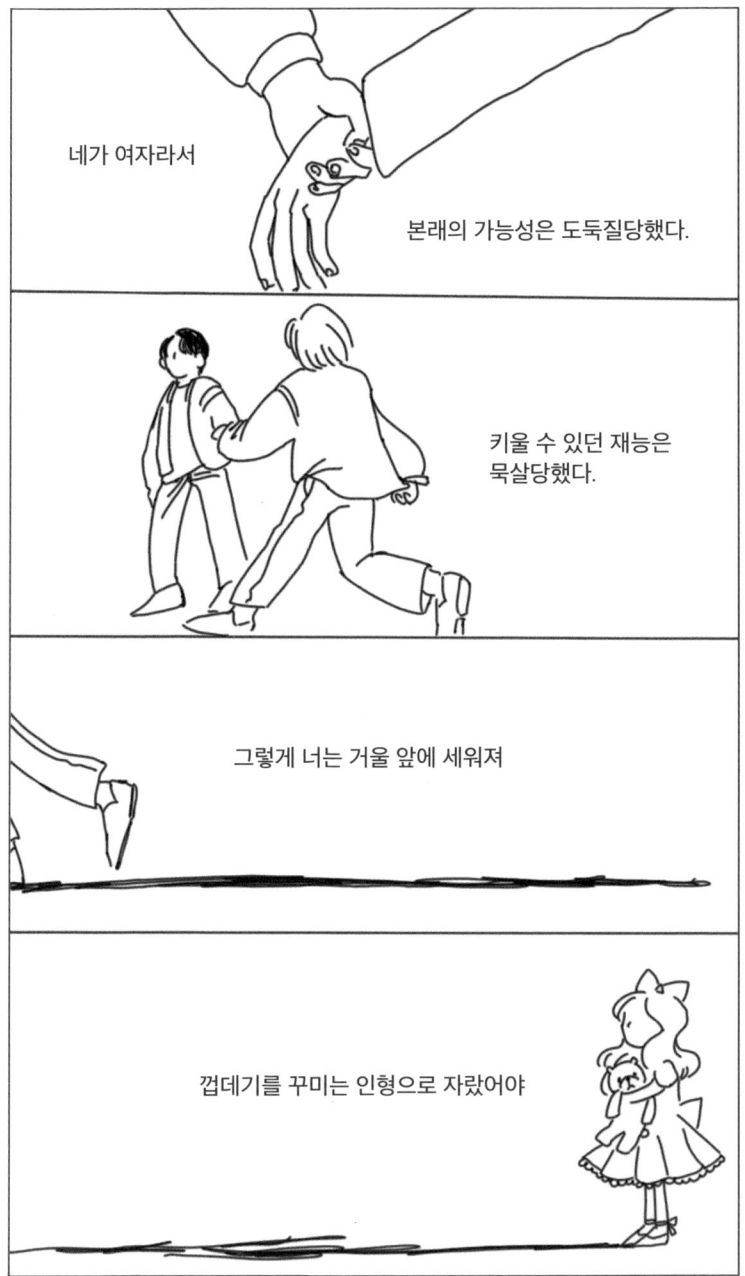

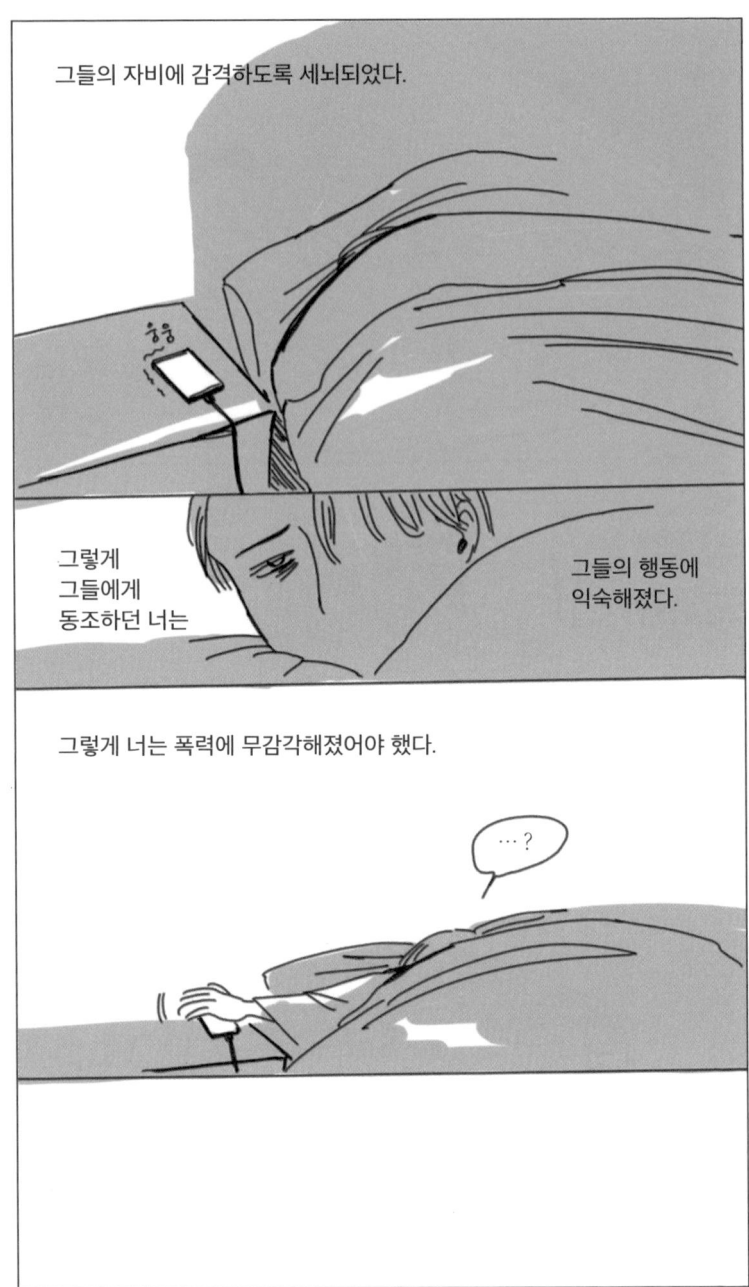

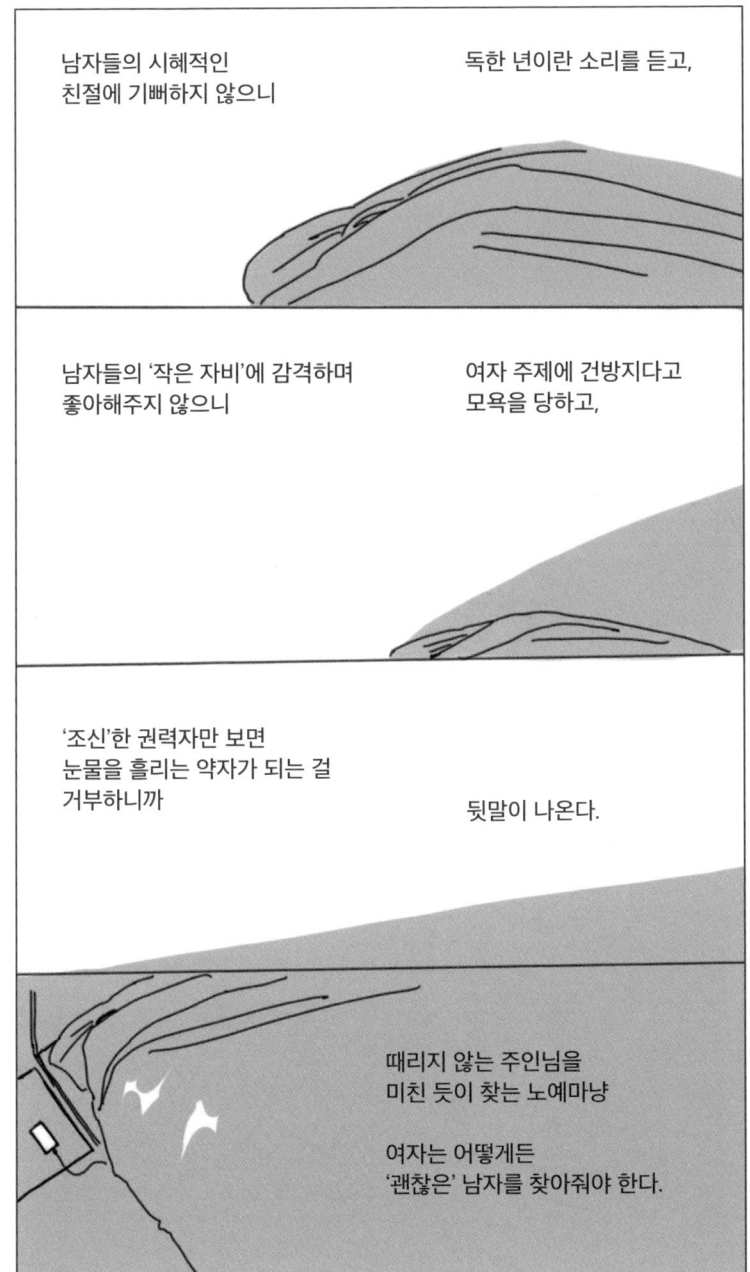

남자들의 시혜적인
친절에 기뻐하지 않으니

독한 년이란 소리를 듣고,

남자들의 '작은 자비'에 감격하며
좋아해주지 않으니

여자 주제에 건방지다고
모욕을 당하고,

'조신'한 권력자만 보면
눈물을 흘리는 약자가 되는 걸
거부하니까

뒷말이 나온다.

때리지 않는 주인님을
미친 듯이 찾는 노예마냥

여자는 어떻게든
'괜찮은' 남자를 찾아줘야 한다.

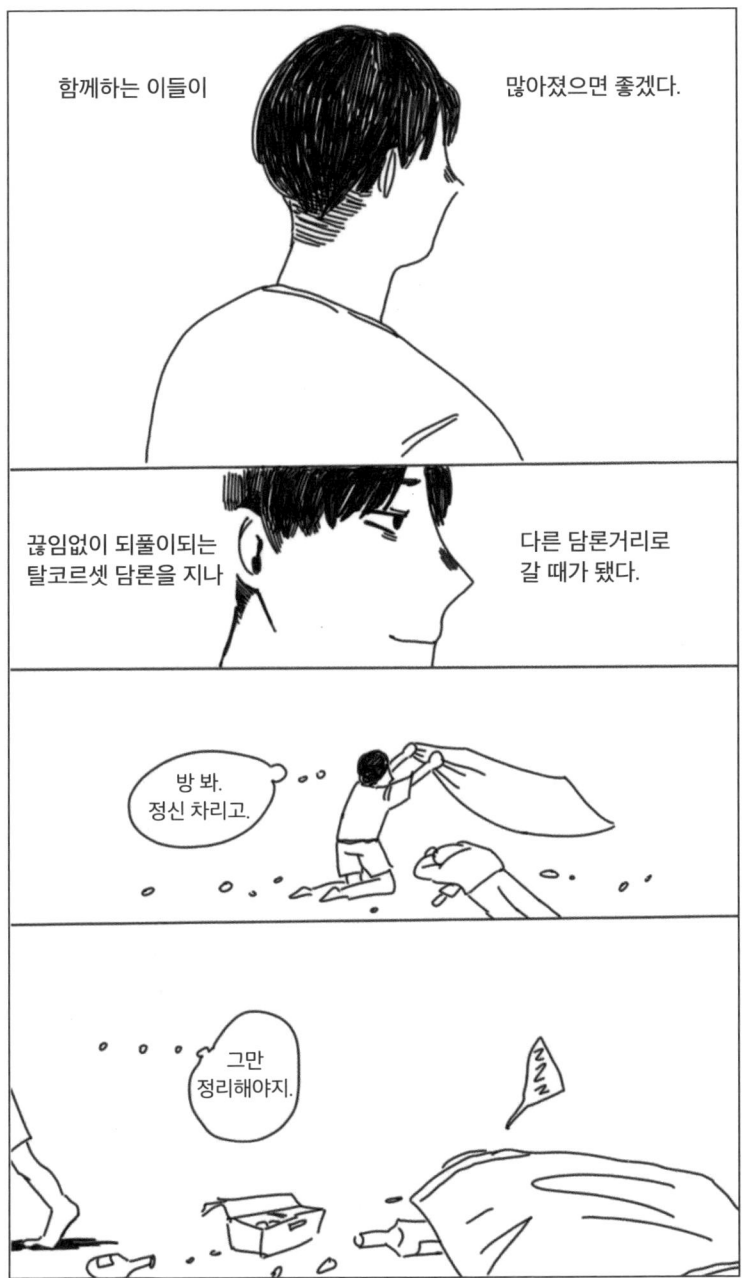

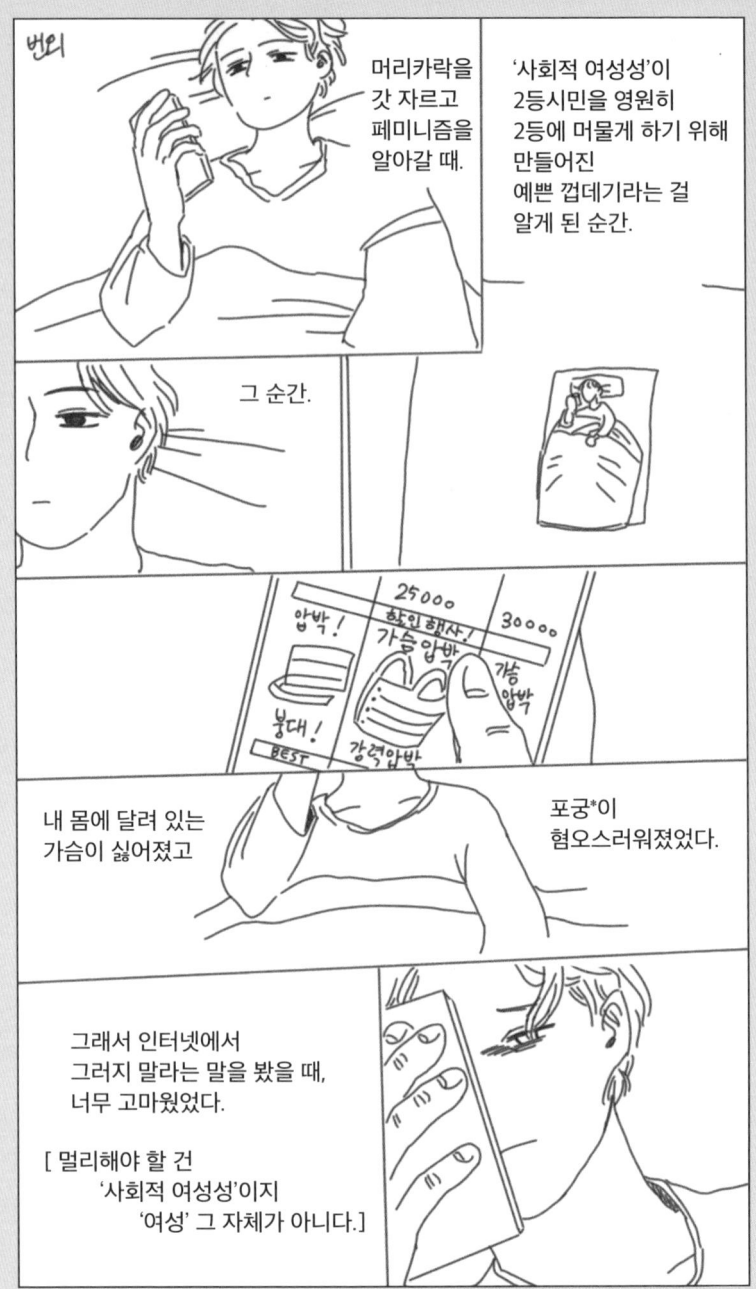

* 태아가 자라는 여성의 생식 기관을 흔히 자궁(子宮)이라 부르는데, '자(子)'는 첫 번째 뜻이 '아들', 즉 남성이다. 따라서 성별 중립적인 단어인 포(胞)를 쓴 포궁(胞宮)이라는 단어를 쓰기를 권하고 있다.

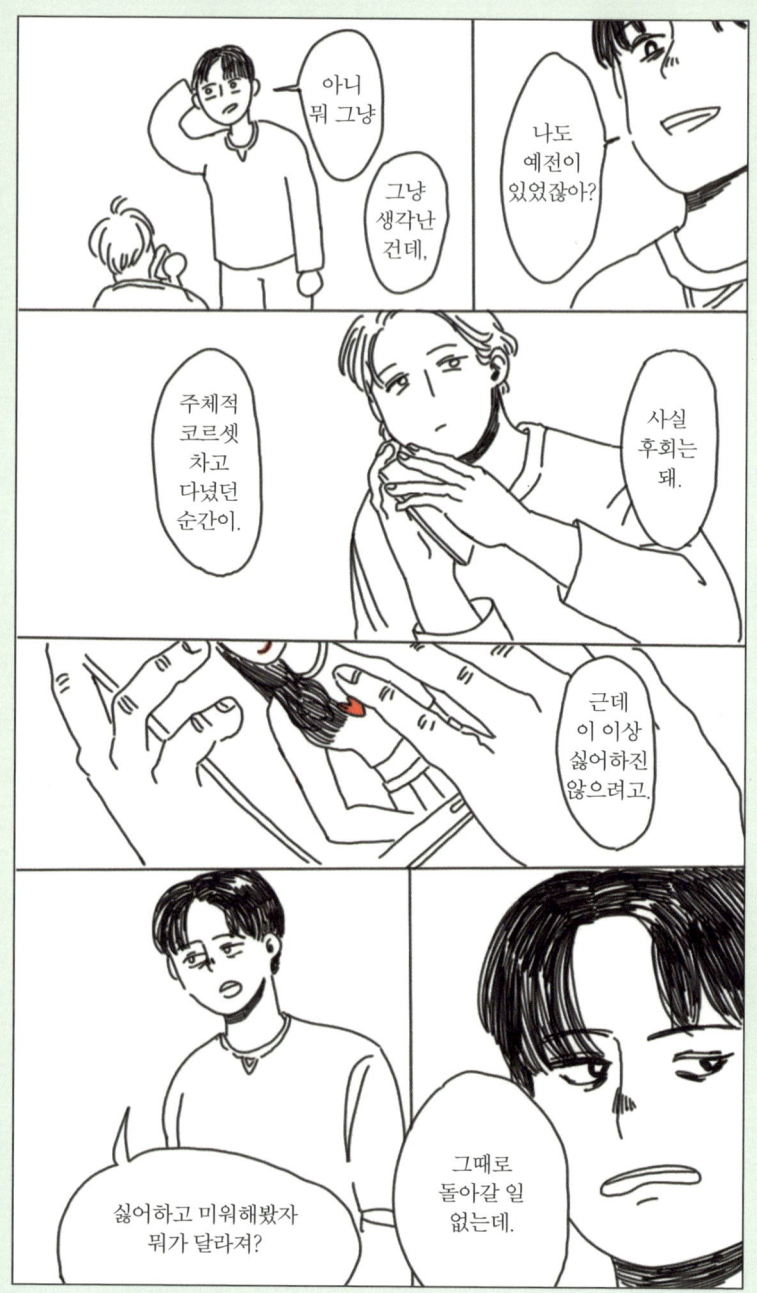

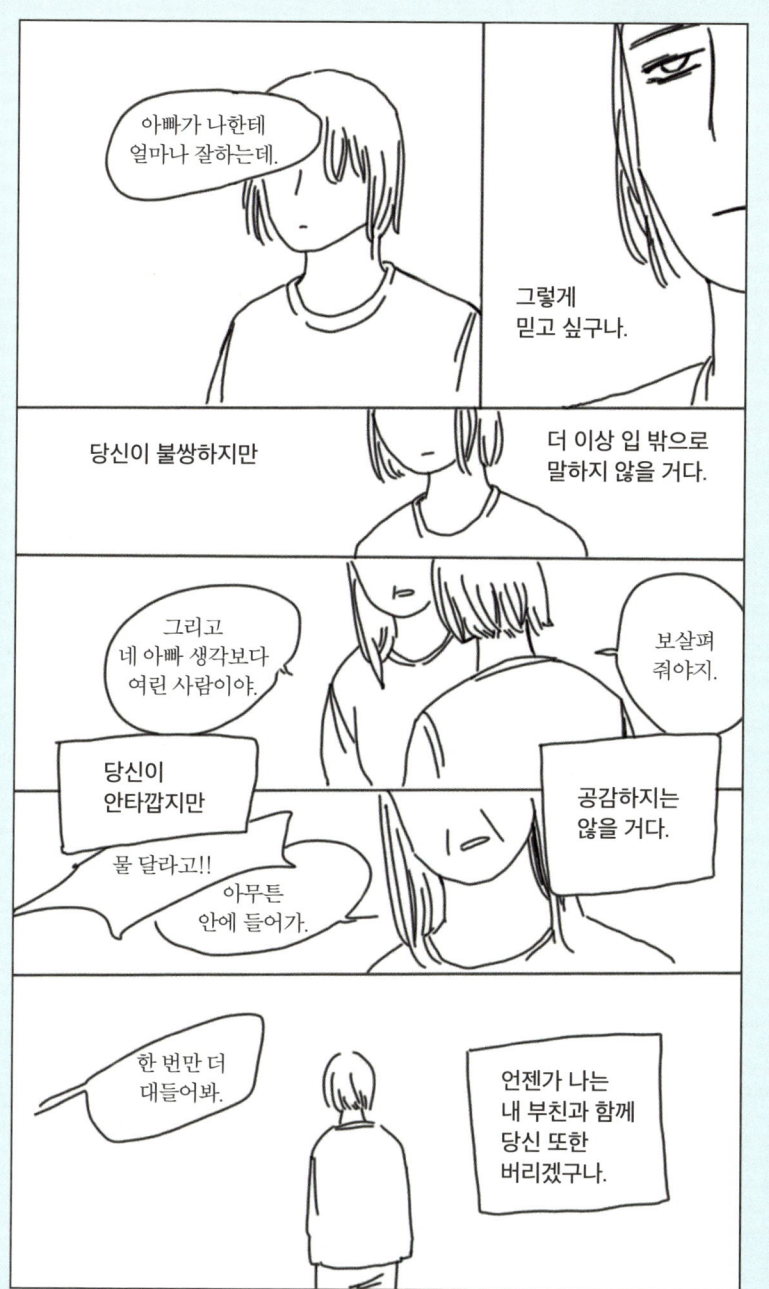

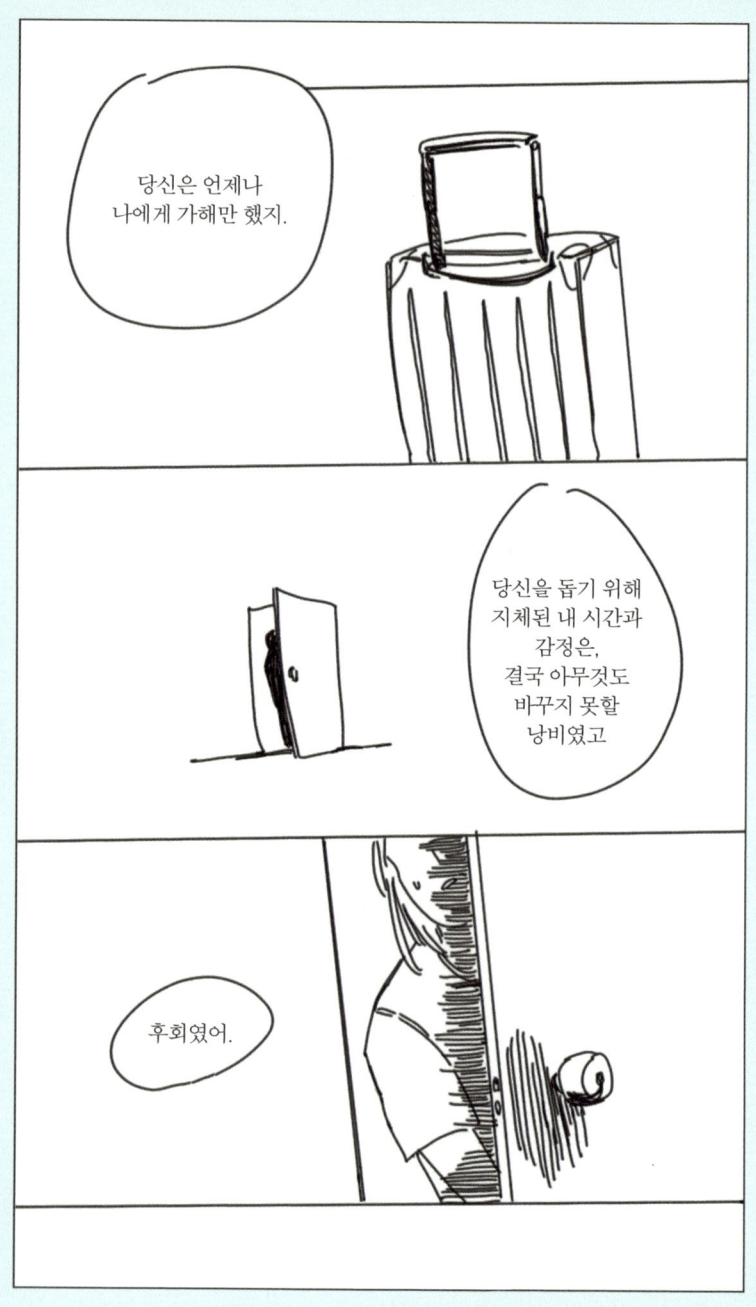

한번 이제라도
잘 살아봐.

나는 이만 빠질게.

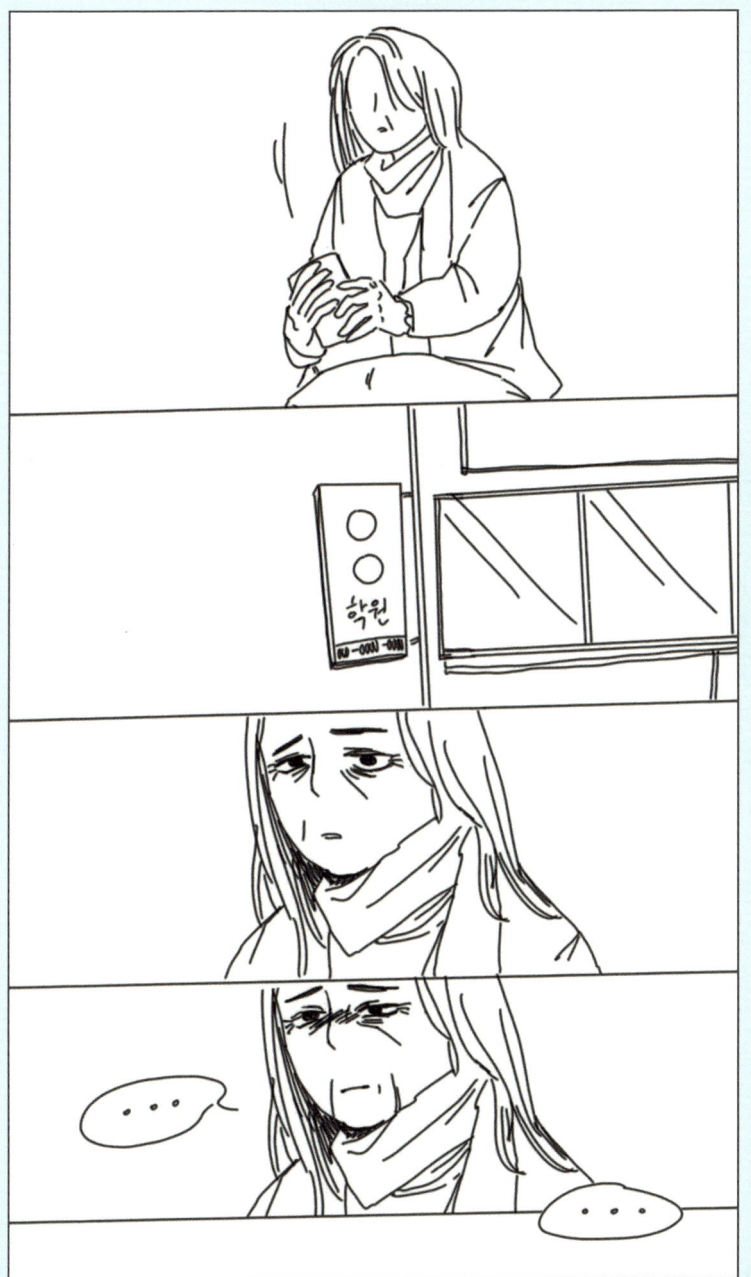

외전 4

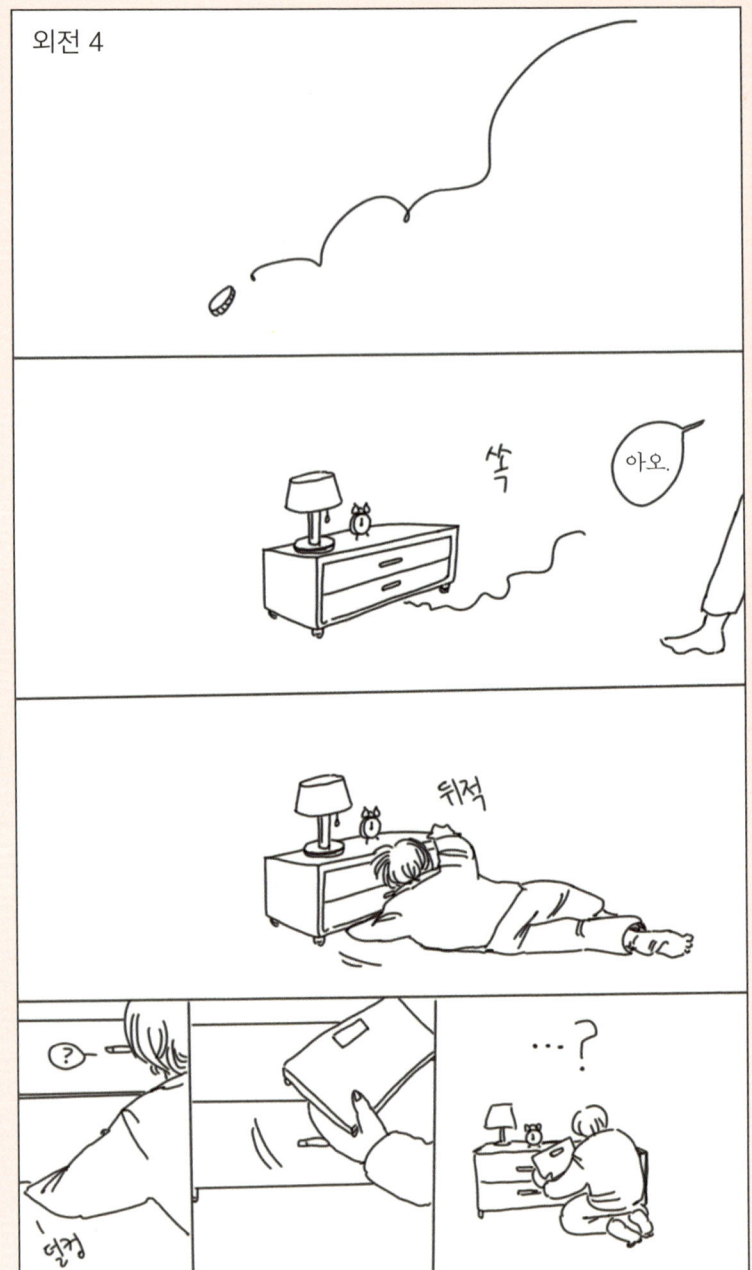

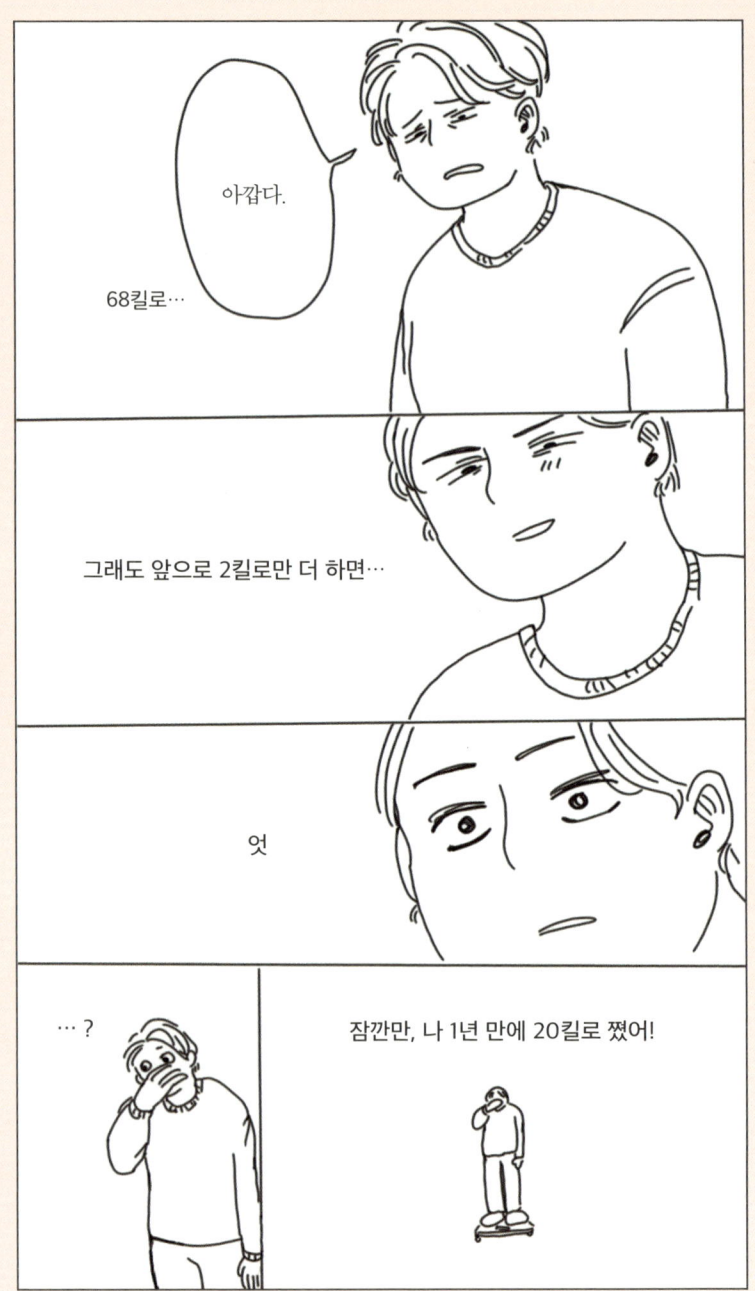

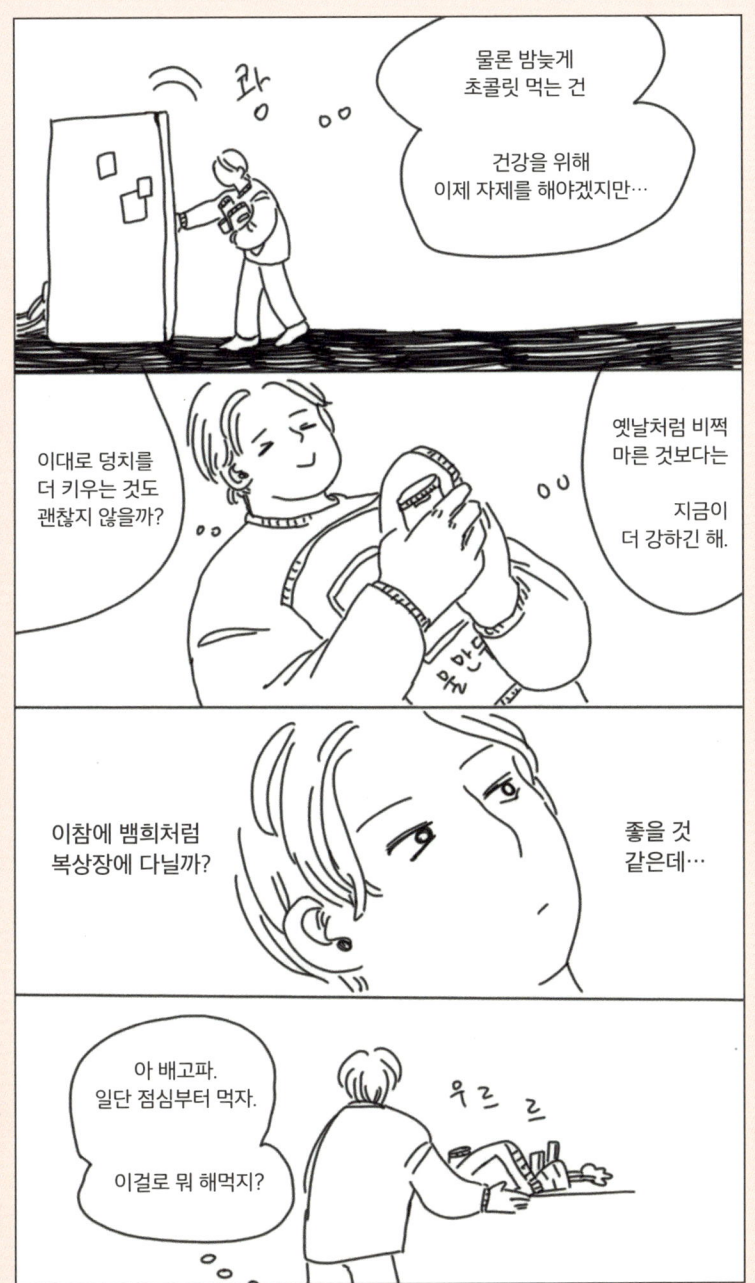

작가와의 인터뷰

- 어떤 계기로 페미니즘에 눈뜨고, 또 '탈코르셋'을 선택하게 되었나요?

강남역 살인사건 때 처음으로 페미니즘이라는 단어를 알았습니다. 하지만 뭔가 세상이 이상하다는 사실을 알았지만 그것뿐, 그 어떤 행동도 하지 않았죠. 그런데 2018년 초, 우연히 들어간 SNS에서 수많은 #탈코르셋_인증 해시태그를 보고 충격을 받았습니다. 당시 꾸미는 게 자기만족이라 굳게 믿고 있었던 제게는 이런 게 스스로를 부정하는 행동처럼 보였거든요. 기분 나빠하는 와중에, 우연히 '안티 페미니스트'로 유명한 남성 지인과 탈코르셋 관련해서 얘기를 나누게 됐어요. 그런데 서로 너무 잘 맞는 거예요. 순간 소위 '현타'가 왔어요. 다시 말해, 일베하는 게 거의 확실한 쓰레기 같은 남자와 뜻이 맞아가고 있는 저의 상황을 깨닫게 되는 순간에 부딪친 거죠. 내가 안티 페미니스트인가? 내가 지금 강간범을 옹호하는 사람과 같은 입장에서 페미니즘을 비난하고 있는 건가? 인정하기 싫었지만 사실이더라고요. 이건 아니다 싶었어요. 그날 밤 바로 새로이 SNS 계정을 만든 후, 페미니즘 이슈들과 탈코르셋에 대한 글과 의견들을 정독했어요.

그리고 한 달도 지나지 않아 저는 투블럭컷을 하게 됐습니다. 남들보다 늦은 만큼, 앞서나간 페미니스트들을 더 빠르게 따라잡고 싶었어요.

- 작가1에게 탈코르셋이란 무엇인가요?

제일 큰 파장으로 저를 덮친, 저의 역사가 될 가장 중요하고도 새로운 사건이에요. 더불어 인생에서 가장 잘한 선택이죠.

- 《탈코일기》를 꽤 긴 시간 동안 연재했습니다. 왜 하필 만화라는 형태로 연재를 했나요?

《탈코일기》는 여러 번 밝혔듯이 정말 가벼운 마음으로 시작한 창작물입니다. 그냥 탈코인들이 가볍고 재밌게 보고 가는 새로운 콘텐츠를 목표로 만든 거였어요. 그러다보니 가독성이 좋고 사람들이 쉽게 볼 수 있는 만화라는 장르를 선택했고요. 물론 정말 잘한 선택이라고 생각해요. 다시 《탈코일기》를 연재한다고 해도 만화로 창작할 것 같아요.

- 김뱀희, 도수리, 백로아를 그릴 때 각각 어디서 영감을 얻었나요? 자기 자신? 주변 사람?

제가 생각하고 그린 그들은 각각 저의 과거, 현재, 미래를 맡고 있어요. 백로아는 저의 과거이고 김뱀희는 저의 현재, 도수리는 제가 바라는 이상향입니다. 아참, 여기서 주인공들이 겪은 일들은 주변 사람들 이야기도 있고 건너들은 것도 많고 인터넷에서 본 것도 있는데, 지어낸 것은 단언컨대 없어요.

- 연재하는 동안 육체적·정신적으로 힘든 점은 없었나요?

아무래도 시간에 쫓겼던 적이 가장 많아요. 가장 양이 많은 회차 중의 하나인 9화만 해도, 빨리 업뎃을 해야 한다는 생각으로 며칠 만에 작업을 완료한 대신 거의 잠을 못 자다시피 했거든요. 그리고 책을 낼 때 예상치 못한 난관에 부딪쳤는데, 원래 연재했던 그림들이 책에 실을 정도로 충분히 크지 못했거든요. 그래서 2, 3, 14화는 전부 다시 그려야 했어요.

그것 외에도 가끔 피드백을 받기 위해 많은 곳에 '탈코일기'라고 검색해봤는데, 거기서 보는 다양한 반응들을 보며 희비가 엇갈릴 때가 있었습니다. 다 완결이 된 지금은 웃으면서 말할 수 있는데 그때는 조금 여러 가지로 힘들었던 것 같네요. 그래도 끝까지 응원해주시고 호응해주시는 분들 덕분에 제가 끝까지 완결을 낼 수 있었어요. 그분들의 응원을 보다 보면 부정적인 감정들이 사라지더라고요.

- 연재를 하면서 탈코르셋 관련하여 새삼 깨달았던 점, 좋았던 점이 있었다면?

만화를 연재하면서 저도 배워갔어요. 대부분의 회차에서 탈코르셋에 대한 의견을 말하고 그리다보니 저 스스로도 탈코르셋이라는 개념이 더 명료하고 굳건하게 정립됐어요. 내 의견을 표현하기 위해 창작물을 그리면서 동시에 배워간다는 사실이 신선해서 좋았습니다.

- 이 만화에서 가장 기억에 남는 장면이 있다면? 그 이유는?

마지막 24화에서 도수리가 자다 깨서 모친으로부터 온 전화를 무미건조하게 수신거부한 다음, 다시 잠에 드는 장면이 있는데요. 대사 하나 없는 장면이지만 저는 이상하게 이 장면이 마음에 들어요. 이 만화에서 주로 다루는 외적 코르셋이 아닌, 한국 대부분의 딸들이 입고 있는 효도 코르셋을 끊어낸 것만 같은 기분이 들어 해방감이 듭니다.

- 《탈코일기》는 텀블벅에서 무려 38,696퍼센트, 1억 9천만 원이라는 공전의 펀딩 성공률을 기록했습니다. 많은 사람들이 《탈코일기》를 '탈코르셋에 눈뜨게 해준

인생작품'이라 말하고요. 이런 뜨거운 반응을 예상했는지, 예상했다면 그 이유는 뭐라고 생각했는지 궁금합니다.

다들 안 믿으시겠지만, 놀랍게도 아주 조금도 예상하지 못했습니다.

제가 설정한 텀블벅 목표금액은 50만 원이었고 처음에 잡아두었던 최소수량은 100부~300부였습니다. 물론 목표금액을 적게 잡은 건 '최다후원순' 프로젝트에 더 쉽게 노출되게 하려는 목적도 있었지만 1억을 넘어 2억 가까운 금액으로 펀딩이 종료될 줄은 상상도 하지 못했어요. 그만큼 많은 분들이 페미니즘, 그리고 탈코르셋에 대해 관심이 많으셨다는 뜻이겠죠. 호응해주신 많은 분들에게 감사 인사를 드리고 싶습니다. 저조차 예상하지 못한 성과입니다.

- 이 만화를 통해 궁극적으로 전달하고 싶은 메시지는 무엇이었나요? 그것이 잘 전달되었다고 느꼈나요?

이미 탈코르셋을 한 분들에게는 위로와 격려를 드리고 싶었고, 탈코르셋을 하지 않은 사람들에게는 그들이 가지고 있는 탈코르셋에 대한 수많은 오해를 풀고 싶었어요. 편하면 다 탈코르셋? 뚱뚱한 사람에겐 비키니가 탈코르셋? 이러한 탈코르셋의 오독을 바로잡고 싶었습니다. 탈코르셋은 사회적 여성성 탈피, 탈가부장제, 그리고 권력탈환입니다. 그리고 그 범위는 단순히 외모적인 면에 그치지 않고 여성의 행동, 야망, 가치관, 모든 분야에 적용되고요. 그리고 이러한 저의 의도를 많은 분들이 알아봐주신 것 같아 기쁩니다.

- 《탈코일기》 출간 이후의 계획은? 페미니즘 관련 차기작을 준비하거나 구상하는 것이 있다면?

차기작이자 《탈코일기》의 후속작을 계획중입니다. 아직 정확하게 정해진 건

없지만 차기작에 나오는 주연들 중 한명은 탈코일기의 주연 중 한 명일 것 같아요. 그리고 탈코르셋 다음의 의제가 아마 다음 만화의 주축 내용이 될 것 같습니다. 《탈코일기》를 보지 않으셔도 보는 데 지장이 없지만 보셨다면 더 재미있게 보실 수 있을 것 같습니다. 기대해주세요. 많은 쉬는 시간과 공부의 시간을 거치고 느리게 돌아오겠습니다.

일상거리

Ni Una Menos